로컬 씨,   어디에 사세요?

나의 거주지 찾기 프로젝트, 춘천 편

로컬 씨, 어디에 사세요?

나의 거주지 찾기 프로젝트, 춘천 편

서진영 지음

프롤로그

로컬 씨, 당신은 누구인가요

2022년 여름에서 가을로 넘어가던 즈음이었다. 출판사 대표로부터 전화를 받은 것이. 그는 책의 집필을 제안하면서 한 가지 조건을 내걸었다. "대략 6개월가량은 그 지역에서 거의 살다시피 하셔야 할 것 같아요." 지역 취재야 몸에 밴 일이고, '그 지역'이 서울에서 그다지 멀지 않은 춘천이라니 해볼 만하다는 생각이 들었다. 다만 마음에 걸리는 것이 하나 있었다. 대화 중에 '로컬'이라는 표현이 오갔는데 그에 대해 내가 잘 알지 못한다는 사실이었다.

좀 더 솔직히 이야기하면 나는 로컬이라는 용어에 약간의 거부감을 갖고 있다. 언젠가부터 여러 지면에서 그 단어를 자주 접해왔다. 로컬 푸드, 로컬 마켓, 로컬 크리에이터, 로컬 브랜드, 로컬 비즈니스… 로컬, 말 그대로 '지역'이라는 뜻이다. 예전에는 흔히들 '지방'과 '지역'을 섞어

불렀다. 지역은 일정하게 구획된 범위, 전체를 어떤 특징으로 나눈 일정한 영역을 뜻하는 말이다. 지방은 국어사전의 정의 즉 '서울 이외의 지역'이라는 뜻에 더해, 어느새 '서울만큼 발전하지 못한 아래 단위의 지역'이라는 편견이 섞인 말이 되었다.

그렇다면 로컬은? 아마도 '지방'이라는 말에 담긴 제한적인 또는 기울어진 이미지를 털어내고, 긍정적이면서 세련된 기운을 담은 표현일 것이라 짐작해본다. 하지만 그 말의 겉모습이 아무리 멋스러워도 사람들이 그 말의 속뜻을 제대로 알지 못하는 한 입에 착 붙지도, 의미가 오롯이 전달되지도 않는다.

물론 중요한 것은 이 말의 뜻이 아닐 것이다. 그보다는 이 말이 우리에게 어떤 감정을 불러일으키느냐다(여기서 '이 말'이란 '서울 바깥의 모든 지역'을 가리킨다. 로컬, 지역, 지방이 모두 해당된다). 일단 '30대, 여성, 1인 가구', 여기에 보태 '지방 출신 서울시민'이라는 인구학적 특성을 지닌 나로선 이 말이 반갑다. 지난 수년간 '왜 꼭 서울이어야 하는가?'라는 질문을 품고, 서울과 고향이 아닌 다른 지역으로의 이주를 꽤 진지하게 고민하고 있기 때문이다. 하지만 반가운 마음은 잠시, 컴퓨터 앞에 앉아 1시간만 이런

저런 자료를 찾다 보면 이내 한숨이 나온다. 프리랜서 작가라는 직업적 이점, 당장 어느 지역이라도 서울의 다가구 투룸 월세보다는 훨씬 저렴한 주거지를 찾을 수 있다는 여건에도 불구하고 아직 '여기다' 하고 확신이 드는 곳을 찾지 못했기 때문이다. '핫한 로컬'이라 하더라도 내게는 그저 이따금 놀러 가기에 좋은 곳일 뿐, 내가 생활하기에 좋은 지역인지를 파악하는 것은 그곳에 실제로 살아보기 전까지는 도무지 알 수 없는 일이니 주저하는 마음이 드는 것이다.

한편 나는 로컬이라는 표현 속에서 지역성의 상실을 느끼기도 한다. 로컬이라는 개념이 각 '지역'이 갖는 고유성의 색채까지 끌어안고 있지는 않은데 여기도 로컬, 저기도 로컬, 일단 로컬이라 이름 붙이기 바쁜 인상이다. 전국 각지에 경리단길을 본뜬 'ㅇ리단길'이 형성되는 것처럼 민간과 정부 구분할 것 없이 어떤 한 지역의 성공 사례를 빠르게 '복사하여 붙여넣기' 한다. 뭔가 더 나아지고 있다는 느낌보다는 본래의 개성은 사라지고 획일성만 더하는 것은 아닐까.

로컬에서 쭉 살아왔든 새로운 기회를 찾아 로컬로 가서 살게 되었든 근 십여 년간 로컬 현장에서 세간의 주목을 받은 사람들이 속속 등장했고, 전국구로 이름난 로컬 브랜드도 생겨났다. 지역 균형발전에 노력을 기울이던 정부에서도 이제는 '로컬'을 앞세워 지역 정책을 펼치고 있다. 그리하여 현재의 로컬 담론은 지역 골목 상권의 부흥, 수도권 청년의 이주와 창업을 염두에 둔 전방위적 지역 경제 재구성 전략으로 전개되는 양상이다. 그 결과 로컬 비즈니스, 로컬 파이오니어, 로컬 크리에이터 등의 구호들이 양산되며 로컬이 잠재력, 가능성이 내포된 '시장'으로 인식되기 시작한 것 또한 로컬의 '긍정적인' 요소다. 반면 실질적인 변화가 무엇인지는 잘 가늠되지 않는다. 수치로 나타나는 성과 말고 로컬이 정말 '살고 싶은' '살기 좋은' 동네가 되었는지, 여러 세대에 걸친 인구가 두루 건강한 생활권을 형성하고 있는지라는 '삶'의 관점에서 말이다.

근 십여 년간 여러 지역을 취재하면서 그 지역에 생생한 기운을 불어넣어주었던 사람들, 경험들에 대해 깊은 인상을 받아왔다. 그리고 그 경험들이 '로컬'이라는 개념의 진화와도 어떤 연계를 맺으며 서로 보완해주고 있을지에 대해 막연히 짐작해보는 중이었다. 그러다가 이 책의 집필을 의뢰 받고, 곧장 수락했다. '로컬의 진화'를 내가 직접 눈으로 확인해볼 수 있다는 점에 큰 매력을 느꼈던 것이다.

* * *

이 책은 출판사 온다프레스 그리고 춘천문화재단과 협업한 결과물이다. 우리는 한 가지 명제에 공감대를 이룬 상태로 과감하게, 어쩌면 다소 무모하게 이 프로젝트를 가동시켰다. 그 명제는 이제 '담론으로서의 로컬'은 그만, '실체로서의 로컬'에 대해 이야기해보자는 것. 춘천은 춘천대로 '문화도시'와 '경쟁력 있는 로컬'을 만드는 데에 열심이고, 출판사는 출판사대로 그 나름의 지역성을 좀 더 벼려보려는 듯했다. 아직은 모호한 개념을 향해 간다는 느낌, 종착역의 이름이 살짝 지워진 차표를 받아든 느낌, 나는 그렇게 약간의 긴장을 품고 춘천을 오가기 시작했다.

6개월 남짓 나는 춘천의 곳곳을 걷고 또 걸었다. 그리고 여러 사람을 만났다. 취재에는 몇 가지 원칙을 두었다. 일단 이동할 때는 대중교통을 이용하거나 걷는다. 그래야 도시 전반을 '인간의 감각'으로 훑을 수 있을 거라 생각했다. 또한 글을 쓸 때에는 '로컬'이라는 말을 애써 쓰지 않는다. 아직 성기고 설익은 개념인 '로컬'을 보기 좋게 흩뿌려 놓기보다는 내가 옮겨놓은 삶의 현장감을 독자들이 느끼면서 그 속에서 그 단어를 어렴풋이 각자 해석해주길 바랐다. 그리고 무엇보다 춘천이라는 로컬을 두고 찬사만을 쏟아내지 않는다. 호반의 도시이자 축제의 도시이며 닭갈비의 도시로 인식되는 춘천은 탄탄한 지역 자원과 독특한 문화 인프라를 가진 곳이 분명하지만 동시에 구도심과 신도시의 현격한 격차와 도농복합도시로서의 한계도 고스란히 지닌 곳이다.

그리하여 바람이기도 하고 욕심이기도 한데, 춘천의 테두리에서 이야기를 전개하고 있지만 독자들이 이 책의 끄트머리에 이르렀을 때 '우리는 지금 어디에서 어떤 모습으로 살고 있나?' '선택권이 주어진다면 어디에서 어떻게 살고 싶은가?' 같은 질문을 던져보았으면 한다. 이와 더불어 이 기록이 더 많은 사람들에게 로컬에서의 삶을 꿈꿔볼 수 있는 징검돌이 되었으면 좋겠다.

1

길고양이가
이끄는 골목

"마을에 설치된 고양이 조형물은
 모두 동네 어르신들의 작품이에요."

한 4~5년쯤 되었을까. 계절은 겨울, 다 늦은 밤, 119구조대의 사이렌이 골목을 밝혔다. 누가 많이 아픈가? 어딜 다친 건가? 음악 소리를 낮추고 바깥 기척에 온 신경을 곤두세우는데 "못 데려가요" 하는 목소리가 귀에 걸렸다. 큰일이 났구나. 참지 못하고 베란다 창문을 열었다.

구조대원들은 내가 사는 다가구주택과 이웃한 주택의 담장 사이 좁은 틈새를 들여다보고 있었다. 구조대에 전화를 건 이는 창문에 고개를 빼고 "저기요, 저기" 위치를 짚는 이웃집의 누군가였다. 세상에, 어린아이라면 모를까 성인은 게걸음으로도 비집고 들어가기 힘들 만큼 좁은 틈, 저 틈에 저 집 애가 떨어진 거야? 근데 왜 못 데려가?

고양이였다. 주인 모를 길고양이. 초저녁부터 얼마나 울어대는지 참다 못해 구조 신고를 했다는 그이는 구조대원들에게 왜 못 데려가느냐고 되물었다.

「119구조·구급에 관한 법률 시행령」에 따르면 구조대원은 '동물의 단순 처리·포획·구조 요청'이거나 '주민생활 불편 해소 차원의 단순 민원 등 구조활동의 필요성이 없다고 인정되는 경우' 구조 출동 요청을 거절할 수 있다. '다만, 다른 수단으로 조치하는 것이 불가능한 경우에는' 출동하는 것이 원칙이다. 다른 수단으로 조치하는 것이 가능한

지 여부는 현장에 가보지 않고서 알 길이 없으니 예단하여 구조 요청을 거절했다가는 신고자가 또 다른 민원을 제기할 수 있다.

이런저런 설명을 한 끝에 어느 구조대원이 말을 덧붙였다. 다행히 고양이가 어디 다쳐서 우는 것이 아니라 임신을 한 것 같은데 이런 경우 무리하게 구조하는 것이 고양이를 위험하게 할 수 있으니 당분간 울음소리로 좀 불편하더라도 불쌍히 여겨달라고 말이다. "아유, 참 나" 하는 목소리를 뒤로하고 골목엔 다시 어둠이 깔렸다. 고양이는 꽤 오래 울고 또 울었다.

당신에게 길고양이란?

길고양이 울음소리가 꽤 요란한 날이 있긴 하다. 그렇다고 이게 119구조대에 신고할 일인가 싶으면서도 괴로운 당사자로서는 달리 방법이 없었을 것 같기도 한데, 나로선 참 별일이다 싶었던 그날의 소란이 몇 년 사이 도심 주택가의 익숙한 풍경이자 논쟁을 불러오는 사안이 됐다.

길고양이들의 울음소리뿐만 아니라 배설물과, 배고픔을 해결하고자 음식물 쓰레기 봉지를 풀어헤치는 행동이

거리를 어지럽히면서 그 처리를 두고 이웃 간의 실랑이가 왕왕 벌어진다. 길고양이들을 안쓰럽게 여겨 사료를 챙겨주는 케어테이커[1]들과 이를 탐탁지 않게 생각하는 이들 사이에서 다툼이 생기기도 하고, 미운 감정이 도를 넘어 길고양이를 대상으로 한 증오 범죄도 심심찮게 일어난다.

나는 어느 쪽이냐. 길을 걷는데 저 앞에 길고양이가 있다? 그러면 걸음 속도를 늦추는데, 내 기척에 녀석이 방향을 틀어 어디론가 가버리지 않고 나를 빤히 바라본다 혹은 조금씩 다가온다? 그럼 여지없이 "오지 마, 오지 마, 나 그냥 옆으로 빨리 지나갈게" 하며 손을 뻗어 얼마만큼 거리를 유지하자고 애원하는 세상 겁보다. 많이 좋아져서 이 정도다. 불과 수년 전까지는 뒤도 안 돌아보고 길을 돌아갈 때가 많았다. 무서워하는 것과 싫어하는 것은 꽤 다른 영역이라 사진이나 영상으로 보면 또 귀여워라 하고 어쩔 때는 한번 키워보고 싶다는 마음이 들 정도인데 현실 세계에서는 맞닥뜨릴 때마다 "엄마야!" 호들갑 떨기 일쑤.

이런 세상 겁보가 겁도 없이 길고양이들을 만나러 가봐야겠다 하고 맘먹고 나서게 된 건 다큐멘터리 영화 〈고양이 집사〉를 보고 나서다.

그곳은 오래된 집들이 아직까지 남아 있는 마을이었어요.
그 마을엔 고양이가 참 많았대요. 얼마 전에 이 마을의
이웃동네에 높고 커다란 아파트가 생겼는데 그곳에 살던
고양이들이 쫓겨나 이 마을로 이사를 왔거든요. 그런데
고양이가 많아지자 고양이 때문에 사람들이 싸우기
시작했대요. 이 마을의 주민센터에서는 어떻게 하면
사람들이 고양이를 좋아하게 될까 고민하다
고양이 마을을 만들어보기로 했대요.

― 영화 〈고양이 집사〉 내레이션 중에서

더 명확하게는 길고양이들을 만나고 싶었다기보다 고양이 마을을 만들어보겠다고 나선 사람들이 몹시 궁금해졌다. 길고양이 때문에 민원이 발생한 것까지야 뭐, 그러려니 하는데, 그다음 단계가 '어떻게 하면 사람들이 고양이를 좋아하게 될까'를 고민하는 것이었다니, 그래서 내린 결론이 고양이 마을 만들기라니, 어쩜 그렇게 따뜻하고 귀여운 발상을 할 수가 있지?

고양이 마을 vs. 개조심의 동네

춘천 효자동. 차들이 오가는 길에도 차선이 그려져 있지 않은, 언덕배기로 구불구불 샛길이 이어지는 오래된 동네다. 양지바른 골목 어귀에는 어김없이 의자 몇 개가 놓여 있다. 볕 좋은 날이면 동네 어르신들이 삼삼오오 모여들어 해바라기를 자처하는 자리다. 그네들 어린 시절 효자동은 죄 숲이고, 과수원이고, 밭이었다. 솔숲에서 토끼를 쫓고, 개울에서 물고기를 잡으며 노닐었던 그때 과수원에서는 사과, 복숭아, 자두, 배가 무르익었다고 한다.

그때도 마을이 형성되어 있었지만 지금처럼 오밀조밀하지는 않았다. 한국전쟁 후 피란민들이 모여들어 임시변통으로 집을 지어 살았고, 1970년대부터 본격적으로 숲과 과수원과 밭을 뒤덮어 슬레이트로 지은 오막살이들이 줄을 이었다. 미로 같은 샛길들도 그때 생겨났다. 새마을 사업과 맞물려 마을 규모가 커지면서 1974년 효자동은 효자 1, 2, 3동으로 분리됐다.

고양이 마을 만들기가 진행된 곳은 효자1동이다. 효자1동이라는 지명보다는 낭만골목이나 벽화마을이라 지칭하는 사람이 많다. 두 사람이 나란히 걷기도 쉽지 않은 골목 곳곳을 다양한 벽화와 조형물로 단장한 때문이다.

참말로 길고양이들이 많은 동네일까 하고 효자1동 행정복지센터를 지나 골목으로 접어드는데 겁보의 걸음을 얼어붙게 만든 것은 길고양이가 아니었다. 시골마을에서나 볼 법한 마당 개들이 어찌나 많은지 낯선 발걸음을 감지한 하나가 짖기 시작하자 온 동네 개들이 너도나도 목청을 높여 개 짖는 소리가 귀가 울리도록 메아리쳤다. 누가 내게 효자동을 소개해보라고 한다면 단언컨대 '개조심의 동네'라고 말하리라.

길고양이가 울어봤자 마당 개 짖는 소리에 비하면 애교 수준일 것 같은 데다가 효자동 구석구석을 돌아봐도 길고양이는 좀체 눈에 띄지 않는데 이 마을 사람들은 길고양이 때문에 왜들 싸웠던 걸까?

처음부터 거창한 계획을 세웠던 것은 아니다

효자1동 행정복지센터가 길고양이 민원으로 바빠진 것은 2017년 하반기부터였다. 울음소리가 여간 아니다, 배설물 때문에 골치다, 음식물 쓰레기 헤집어놓은 것은 어쩔 것이냐… 지금 어느 지역에서나 발생하고 있는 길고양이 민원과 크게 다르지 않은 내용이다. 민원을 접수해 현장으로 나

22

누가 내게 효자동을 소개해보라고 한다면
단언컨대 '개조심의 동네'라고 말하리라.

선 이는 당시 총무계장으로 근무했던 음미경 씨다.

효자동은 춘천의 구시가지예요. 제가 효자1동
총무계장으로 근무했던 2017, 2018년에도 사람들이
떠나고 남은 빈집들이 많았지요. 그 빈집들이 제대로
관리가 안 되니까 길고양이들이 몸을 숨기기 좋은 공간이
됐던 거고요.
동네 주민들 가운데 혼자 지내는 어르신들이 많은데
길고양이 민원 중에는 한밤중 길고양이 울음소리 때문에
잠을 못 주무신다는 내용이 많았어요. 그 이야기를
들으니까 어르신들이 참 안쓰럽고 그렇더라고요. 그런데
고양이가 우는 것도 싫고 아무데나 똥 누는 것도 싫지만,
막연히 싫어하는 부분도 있었어요. 고양이는 요물이라는
오랜 편견이 작용한 거죠. 포획틀을 놓아달라는
민원부터, 포획틀만으로 안 되고 직접 잡아달라는 요청도
잇따랐습니다. 또 배고픈 길고양이들이 쓰레기를 뒤지고
다니면서 동네가 지저분해진다는 말도 많았는데 사실
길고양이 탓만 할 수는 없었어요. 빈집에 자기네 생활
쓰레기를 갖다 버리는 사람들도 있었거든요. 처음엔
길고양이가 문제인 줄 알았는데 사실은 방치된 빈집들이

더 문제구나 하는 생각이 들었습니다.

음미경 씨의 말처럼 효자동은 춘천의 구도심에 해당한다. 2007년 춘천시가 1970년대 이후 성장이 멈춰진 도심 낙후지역을 대상으로 10년 일정의 뉴타운 사업 계획을 발표했을 때 그 주요 대상지로 약사동, 조운·교동, 낙원동, 소양로와 함께 효자동이 선정됐다. 그때 이미 시외곽으로 개발된 신시가지와 비교해 주거 및 생활 환경이 매우 열악한 상태였다.

그러나 수년이 지나도록 효자동 일대의 재개발은 지지부진했다. 재개발이 차일피일 지연되는 사이 많은 사람이 떠나고 빈집이 늘어갔다. 그 빈집에 노숙인들과 비행청소년들이 몰려 한때 효자동 일대는 경찰이 특별순찰을 했을 만큼 우범지대가 되기도 했다. 다행히 2012년부터 골목 곳곳에 벽화를 그려 아름다운 거리로 탈바꿈하는 '효자마을 낭만골목' 사업이 진행되면서 동네 분위기가 환해지고 치안도 개선되었지만 언제 재개발될지 모를 동네가 점점 노후하고 동시에 노인 인구 비율이 높아지는 것은 자연스러운 수순이었다.

2015년 춘천시가 기존 노후주택 철거, 아파트 신축 위주의 재건축·재개발 사업과 차별화하여 새로이 도시재생 사업을 추진하면서 효자동은 도시재생지역으로 재편됐다. 도시재생은 원주민이 계속 살면서 주민들 스스로 주거와 상권을 활성화하는 방식이다. 길고양이 민원은 이런 와중에 생겨났다.

> 처음부터 거창하게 고양이 마을을 만들어보자고 계획을 세웠던 것은 아니고요, 우선은 동네를 좀 깨끗하게 만들어야겠다는 생각이 들었어요. 그런 다음 길고양이들에게 밥을 주면 애들이 쓰레기통을 뒤지지 않겠지. 이때 밥을 먹으러 온 길고양이들을 잡아 중성화 수술도 진행하자! 그럼 울음소리와 번식 문제가 어느 정도 해소될 거라 봤고요. 그리고 정해진 장소에서 일정하게 밥을 주고, 주변 배설물을 치우는 일은 동네 어르신들이 공공근로 형태로 하면 어떨까. 수입이 생기는 소일거리로도 의미가 있겠지만 길고양이들에게 밥을 주다 보면 좀 예쁜 마음이 생기지 않을까 싶었죠. 동시에 동네가 깨끗해지면 길고양이에 대한 인식도 좋아질 테고요.

그러나 길고양이 민원은 민원 중에서도 아주 어렵고

복잡한 사안이었다. 먼저 길고양이가 생명체라는 점 때문이었고, 다음으로 이것이 비단 길고양이만의 문제가 아니었기 때문이다. 적어도 효자동의 길고양이는 도심 공동화 그리고 고령화라는 현상과 얽혀 있었는데 길고양이에 대한 주민들의 인식과 태도가 너무도 팽팽하게 대립하니 결국 탈이 났다.

길고양이를 미워하는 사람만 있었던 건 아니에요. 길고양이들을 불쌍히 여기고 밥을 챙겨주시는 분들도 있었어요. 〈고양이 집사〉에도 나오는 중국집 사장님 같은 경우가 길고양이 도시락까지 만들어 동네 곳곳에서 밥을 챙겨주는 대표적인 캣대디죠. 그런데 그게 탐탁지 않은 분들이 왜 길고양이에게 밥을 주느냐 하고 실랑이가 벌어지기도 했어요. 상황이 이렇게 되니 저희가 중재하는 역할도 해야 했죠.

결국 길고양이와 주민들이 이 마을에서 공생하는 것이 이 문제를 해결하는 가장 좋은 방법이라는 생각이 들었습니다. 제 개인적으로는 동네 어르신들과 길고양이들이 닮아 있다는 생각을 많이 했었어요. 홀로 계신 어르신들이 바깥에 나와 햇볕 쬐는 모습을 보면

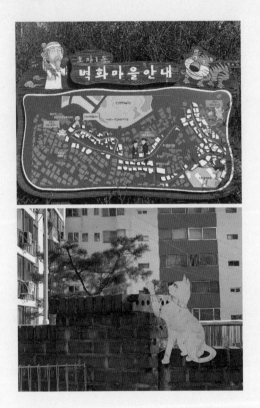

"재미있었던 것은 어르신들이 그린 고양이가
대부분 본인을 닮았더란 거죠."

참 평화로워 보이기도 하는 한편 외로워 보이기도
했거든요. 제 딴에는 어르신들이 갈 곳 없는 길고양이들과
친구처럼 지내면 좋을 텐데 싶었던 거죠. 자료를 찾아보니
반려동물이 어르신들의 삶의 질 향상에 도움이 된다는
연구결과들이 있더라고요.

음미경 씨는 무리하게 길고양이와의 공생을 추진하기
보다 고양이에 대한 인식을 개선하는 것이 우선이라 판단
했다. 마침 효자동이 벽화마을로 소문이 나면서 방문객들
이 늘고 있는 시점이었다. 기존의 벽화는 조선 선조 때 이
름난 효자였던 반희언의 이야기를 토대로 구성되어 있었
는데, 마을 가꾸기 사업으로 가용할 수 있는 예산이 있어
고양이를 주제로 한 벽화와 조형물을 추가하는 공공미술
프로젝트를 진행해보기로 주민자치회와 힘을 모았다.

효자동 벽화마을을 길고양이가 안내해주는 콘셉트로
경로당에 모인 동네 어르신들과 함께 고양이 그림을
그리고 이름도 붙여주면서 다양한 고양이 캐릭터를
만들었어요. 현재 벽화마을에 설치된 고양이 조형물은
모두 동네 어르신들의 작품이에요. 재미있었던 것은

어르신들이 그린 고양이가 대부분 본인을 닮았더란 거죠. 분명 고양이를 그렸는데 묘하게 다 자기 얼굴을 그려놓은 것 같았어요.

　그 한 번으로 길고양이에 대한 인식이 개선될 리가. 그러나 분명 좋은 신호였다. 〈고양이 집사〉 영화에서도 "고양이하고 상극이야, 상극" "맞아, 고양이 다 싫어해 아주"라고 하면서도 못 이기는 척 고양이를 그리고 이름을 붙여주는 어르신들의 모습을 확인할 수 있었다.

　한편 행정복지센터에서는 예비군 중대본부와 함께 마을의 지저분한 곳들을 싹 청소하고, 후원을 받아 길고양이 급식소를 다섯 군데 설치했다. 급식소 옆에는 푯말도 설치했다. 푯말에는 다음과 같은 안내 문구를 적었다.

- 길고양이 번식을 조절할 수 있는 TNR 사업과 함께합니다.
- 길고양이들이 음식물 쓰레기 뒤지는 일을 줄일 수 있습니다.
- 길고양이 급식소는 효자동의 시범사업으로 이 밥그릇은 효자동의 자산입니다.

동물을 학대할 경우, 동물보호법 제8조에 의거하여
1년 이하의 징역 또는 1천만 원 이하의 벌금에
처하게 됨을 알려드립니다.

길고양이 무료 급식소를 관리하는 일은 계획했던 대로 동네 어르신들에게 공공근로 신청을 받아 그분들에게 맡겼다. 매일같이 밥을 주고, 마실 물도 갈아주고, 주변 청소도 하는 일이었다. 한두 분이 고정적으로 하는 것은 좀 벅찰 것 같아 경로당별로 관리를 맡기기로 했다. 공동육아를 하는 것처럼 길고양이들을 함께 돌보셨으면 하는 마음이었다. 급식소는 경로당에서 가까운 공원에 설치됐다.

길고양이와의 공존을 꿈꾸며 효자동에서 진행된 일련의 과정은 2018년 여러 매체를 통해 소개됐다. 다큐멘터리 〈고양이 집사〉도 효자동에서 고양이 마을 만들기 프로젝트가 추진된다는 이야기를 듣고 달려온 이희섭 감독이 8개월 동안 효자동에 방을 얻어 살며 카메라에 담은 이야기로 시작한다.

저희가 조사를 해보니 일본 아이노시마, 대만 허우퉁과
같이 쇠락한 지역이었는데 주민과 길고양이가 상생하는

방안을 찾아 관광명소가 된 사례가 있더라고요. 그래서
우리 마을도 그런 곳으로 좀 만들어보면 어떨까 하고
주민자치위원회와 논의를 했는데 다들 너무 좋다고
하시더라고요. 특색 있는 마을이 되면 사람들도 좀
찾아오고 하면서 마을에 생기가 돌고 더 살기 좋아지지
않겠느냐는 기대감이 생겼던 거죠.

　

길고양이 때문에 발생했던 문제들이 하나둘 해결되
자 길고양이와의 공생은 그리 문제될 것이 없어 보였다. 정
작 문제는 생각지도 못한 데서 터졌다. 어르신들의 길고양
이 공공근로가 해를 넘겨 지속되려던 어느 날 느닷없이 공
원관리 단속반이 급식소를 모두 걷어다가 행정복지센터로
가져왔다. 「도시공원 및 녹지 등에 관한 법률 시행규칙」을
기준으로 하면 이것들이 모두 불법 시설물이라는 거다. 효
자동 시범사업이라는 푯말까지 있었는데 행정적으로 미비
한 것이 있다면 협의할 수 있도록 해주셔야지 이렇게 다 걷
어 오면 어떡하느냐 했지만 허탈하긴 매한가지였다. 그러
고는 음미경 씨가 인사 이동으로 효자1동을 떠나게 됐다.
그 와중에 길고양이들 중 한 녀석이 안타깝게 죽는 사건이
발생하면서 다시금 마을 사람들 사이에 서늘한 바람이 불

었다. 공든 탑이 무너지는 건 언제나 한순간이다.

〈고양이 집사〉이희섭 감독은 2020년 영화가 개봉된 이후 진행한 한 언론사와의 인터뷰에서 "원래 효자마을에서 1년 사계절을 그리려다 고양이 마을이 잘 안 되고 다툼이 심해져서 떠나왔다"며 이후 노량진 수산시장, 성남 재개발 지역, 부산 청사포 마을로 시선을 옮겨 우리 사회가 어떻게 길고양이들과 잘 살아갈 수 있을까에 대한 고민을 영화에 담아냈다고 했다.[2]

길고양이의 안부를 주고받는 사람들

고양이 마을 만들기를 추진한 사람도, 그 이야기를 기록하던 사람도 떠난 효자동. 그러니까 나는 고양이 마을 만들기가 '실패'했다는 이야기를 듣고도 기어코 효자동으로 향했다.

〈고양이 집사〉에 길고양이들만큼이나 자주 등장한 인물이 있다. 효자동119안전센터 바로 옆에 위치한 중식당 정성루의 사장님. 무대 위 마술사가 그의 어깨에 앉은 앵무새 한 마리와 환상의 복식조로 공연을 펼치는 것처럼, 배달 오토바이의 시동을 거는 정성루 사장님의 어깨 위에는 그곳에서 내려올 생각이 없어 보이는 고양이가 앉아 있었다. 그는 동네 길고양이들의 든든한 '아빠'다. 가게 주변 길고양이들만 챙기는 것이 아니라 고양이 도시락을 싸서 매일같이 이웃동네까지 배달을 다닌다. 그는 자신을 못마땅해하는 일부 주민들과 실랑이하는 것도 고역이라 저녁에 고양이 도시락을 배달하고 아침이 되면 물그릇과 밥그릇을 거둬 오는 일을 되풀이하고 있었다.

처음 정성루에 간 날은 정기휴일이었다. 섭섭지 않았던 것은 가게 앞에서 고양이 한 마리가 얌전히 밥을 먹고 있었기 때문. 나는 뒷걸음질 치지 않고 고양이가 밥 먹는 모습을 한참 바라봤다. 그저 그 모습이 기특해 보였다.

다시 정성루를 찾은 날, 가게 문을 열고 "여기서 먹고 가도 되나요?" 하고 입을 뗐다. 하지만 말하는 도중에 민폐인 걸 알아챘다. 바쁜 점심 장사가 끝나고 한숨 돌리는 시간이었다. 테이블이 하나 있긴 했지만 배달원이 대기하거나 쉬는 공간으로 사용하는 듯했다.

나는 가게 안쪽 방으로 모셔졌다. 다 못 먹을 걸 알면서도 탕수육이 포함된 세트 메뉴를 시켰다. 천천히 먹으며 가게 안을 둘러보는데 창고로 사용하는 가게 한쪽 구석에 고양이 사료 포대가 가득했다.

식사를 마칠 때까지 사장님의 모습은 보이지 않았다. 계산을 하면서 말을 할까 말까 한참을 망설이다가 "저, 〈고양이 집사〉 영화 보고 왔어요" 하고 말을 건넸다. 사장님과 함께 영화에 얼굴을 비춘 안주인께서 "그래요? 어디, 서울에서 온 거예요? 커피 한잔 드릴까요?"라며 반가워했다. "네, 주세요." 이럴 땐 여지없이 능글맞아진다.

솔직히 영화에 등장한 사장님 인상이 엄청 강렬해, 외모로 사람을 판단하는 거 아니라지만 세상 길고양이 싫어할 것 같은 분이 실제로는 효자동 길고양이들 보안관 역할을 자처하셔서 완전 반전 매력을 느껴버렸다고 이실직고했다. 정성루 식구들이 모두 맞장구를 치며 깔깔 웃었다. "우리 네 식구가 다 고양이를 좋아하는데 그중에서도 아빠가 최고로 좋아해요. 불쌍한 고양이 보면 다 데려오려는 사람이에요." 얼마 전 손이 아파 수술을 했는데도 매일같이 고양이 도시락을 챙기고 있다고 했다.

고양이 마을 만들기는 잘 안 됐지만 〈고양이 집사〉 영화가 나오고서 일부러 찾아오시는 분들이 꽤 있어요. 고양이 도시락에 월 100만 원 이상 드는데 거기에 보태라고 지원해주시는 분들도 있고요. 보내는 사람 주소나 연락처

없이 사료를 보내준 분들도 있고, 어떤 분은 계좌로 돈을 넣어주시기도 하고, 마음 따뜻한 사람들이 참 많아요.

정성루 식구들이 보기에 효자동은 길고양이들이 참 좋아할 환경이라고 했다. 애초에 빈집 때문이라기보다 효자동의 주택 구조가 자기만의 영역을 구축하길 좋아하고 숨어 지내기 좋아하는 고양이 습성에 딱이라고. 참 신기한 것이 길고양이들도 밥 주는 사람은 알아본단다. 정성루 식구들은 그런 길고양이들에게 이름을 붙이고 따뜻하게 불러준다. 하찮게 보지 않고 예뻐해주는 사람들이 더 많아지면 좋겠다고 했다.

〈고양이 집사〉에 등장했던 길고양이 그레이와 조폭이가 진짜 집사를 찾아 잘 살고 있다는 반가운 소식도 들을 수 있었다. 집사들이 이따금 정성루에 소식도 전해준단다. 길고양이가 아니었으면 전혀 모른 채 살아갔을 사람들이 서로의 안부를 나누고 살아가게 됐다.

길고양이가 바꾼 효자동 풍경

고양이 마을 만들기를 실패 사례로 봐야 할까? 효자1동 행정복지센터에서 시범사업으로 추진했던 고양이 무료 급식소가 철거되고, 이후 해외 사례처럼 고양이를 테마로 한 관광명소가 되진 못했으니 행정적으로는 실패했다고 보는 것이 맞을지도 모르겠다.

좀 엉뚱하게 들리려나? 으레 춘천에 붙어온 '호반의 도시' '낭만의 도시'라는 수식에 별 감흥이 일지 않았던 나는 영화 〈고양이 집사〉 속 이야기를 좇아 효자동의 길고양이 민원부터 고양이 마을 만들기 시도까지 일련의 과정을 살펴보며 '춘천, 사람 사는 동네였네?' 하고 이 도시가 새삼 살갑게 느껴지기 시작했다.

동물권, 중성화 수술, 케어테이커, 학대 사건 등 길고양이 돌봄 문제를 둘러싼 논쟁을 모르지 않는다. 그런데 그 논쟁을 접할 때마다 정말 길고양이가 문제인가 싶은 생각이 들 때가 많았다. 길고양이만 사라지면 길고양이로 촉발된 문제들이 말끔히 해결될까? 글쎄. 그 자리는 또 다른 무언가로 대체될 가능성이 농후하다.

소란과 갈등도 어떻게 풀어나가느냐에 따라 건강한 에너지가 될 수 있다고 믿는다. 적어도 효자동에서는 구도심의 도심 공동화 현상과 고령화가 진행되는 와중에, 길고양이들 덕분에 이곳에 필요한 행정적 조치가 무엇인지 수면

위로 드러났고, 움직임이 일어났다. 자칫 길고양이에게 쏠릴 수 있었던 시선을 길고양이와 관련된 사람과 환경으로 확대해 좀 더 본질적인 문제를 해결하려 노력한 흔적들이 분명했다. 그리고 동네 너머로 새로운 인연들이 생겨났다.

길고양이들이 마을에서 자취를 감춰버린 것도 아니고 동네 어르신들이 길고양이들을 마냥 애정하게 된 것도 아니지만, 효자동 길고양이 민원은 잠잠해졌다고 한다. 다행이라는 마음이 드는 동시에 그러니까 더더욱 고양이 마을이 만들어졌으면 더 좋았을 텐데 하는 생각이 든다. 효자동이 다시 길고양이들로 시끄러워질 수 있을까? 동네 어르신들의 밤잠을 설치게 하는 울음소리가 아니라 골목골목으로 사람들을 안내하는 목소리로…

세상을 본다는것은
타인의 아픔을
이해하는 것이다.

≪≪≪ 🐈

2

내가 살던 동네도 사라질까

커피 한 잔의 미덕은 의심할 여지 없는 연대를 의미했다.

2차대전이 한창이던 1930년대 후반 이탈리아 나폴리에서 있었던 일이다. 전쟁의 공포와 경제적 어려움이 한꺼번에 몰아닥친 그 시절 카페에서 커피를 마시고는 한 잔 값을 더 계산하는 사람들이 있었다. 상대적으로 여유가 있는 사람들이 커피를 마시기 어려운 이웃을 위해 미리 커피 값을 지불하는 것이었다. 누군가가 미리 계산한 커피 영수증을 카페 유리창에 붙여두면 이를 보고 카페를 찾은 누군가는 공짜로 커피를 마실 수 있었다.

전쟁 중에 무슨 커피냐 의아해할지 모르겠지만 하루 커피 한 잔이 인간다운 삶의 최소 조건이라고 생각할 만큼 커피가 일상화된 이탈리아에서 이 커피 한 잔의 미덕은 의심할 여지없는 연대를 의미했다. 이탈리아에서는 이 커피 나눔 문화를 '카페 소스페소'라고 한다. 이탈리아어로 소스페소(sospeso)는 '연기된' '미루어진'이란 뜻이다. 커피 값을 계산하며 "카페 소스페소"라고 한마디 덧붙이면 말 그대로 '유예된 커피' 한 잔이 생긴다. 카페 소스페소는 나폴리에서 이탈리아 전역으로 퍼져나갔고, 참여하는 가게도 마트·식당·서점 등으로 확대됐다.

2022년 7월 춘천에서도 이탈리아의 카페 소스페소 운동에 착안한 프로젝트가 시작됐다. 이름하여 '맡겨놓은 카페' 프로젝트다.

어릴 적 살던 동네를 기억하나요?

맡겨놓은 카페는 춘천시 사북면 고탄리에 사는 윤요왕 씨가 제안한 아이디어다. 아이들이 이 사회의 미래이자 희망이라고 말은 하지만 그 아이들을 지옥에 비견되는 입시 경쟁에 내몰고 있는 현실에 마음이 불편했다는 그는 춘천시 마을자치지원센터 센터장으로 일하면서 지역의 어른들이 청소년의 행복을 위해 실질적으로 해줄 수 있는 일이 무엇일지 꽤 오랫동안 고민해왔다.

깜짝 이벤트가 아니라 춘천의 청소년이라는 자긍심을 느끼게 해줄 수 있는 일이 없을까, 아이들 마음속에 자신들이 성장한 춘천이라는 지역이 따뜻하게 남을 수 있는 일이 뭐가 있을까. 그런 고민들을 해왔습니다. 지금은 대학생이 된 딸의 이야기가 도움이 됐어요. 청소년들이 빈 시간에 마땅히 갈 곳이 없는데 용돈이 좀 있으면 카페에 많이들 간대요. 저는 청소년들이 카페에 드나드는 것이 잘 상상이 안 되는 세대이지만 생각해보니까 청소년들에게 카페가 참 좋은 공간이겠구나 싶었어요. 와이파이 터지고, 공간도 쾌적하고, 커피만 있는 게 아니라 한 끼 식사가 되는 메뉴도 많고, 친구들과 수다를 떨든 공부를 하든 원하는 만큼 시간을 보낼 수 있는 곳이 카페더라고요.

카페를 무료로 이용할 수 있는 대상을 청소년으로 한 정한 것 외에 운영 방식은 카페 소스페소와 동일하다. 카페 에 비치된 쿠폰에 청소년을 응원하는 메시지와 함께 미리 계산한 금액이나 음료명을 기재하여 게시판에 붙여두면 청소년들이 그 쿠폰으로 음료를 교환하여 카페를 자유롭 게 이용할 수 있다.

춘천에 450여 개의 카페가 성업 중인 것도 맡겨놓은 카페를 시도할 수 있는 기반이 됐다. 동네 곳곳에 자리한 이 카페들이 지역의 청소년들을 맞아준다면 청소년들에게 는 일상에서 편하게 이용할 수 있는 시공간이 마련되고, 어 른들에게는 청소년들을 응원하고 지지하는 마음을 전할 기회가 생긴다. 동시에 지역경제에도 보탬이 되는 선순환 이 이루어질 것이다.

맡겨놓은 카페는 2022년 지역을 위한 공동사업으로 선정되었고,[1] 사업 실행을 위해 '사이사이'라는 TF팀이 꾸려졌다. 사이사이 TF팀은 맡겨놓은 카페가 지속성을 가지려면 기관에서 참여 카페를 모집해 예산을 지원하는 방식에서 벗어나야 한다고 판단했다. 해가 바뀌어 예산이 삭감되거나 정책이나 행정 방향에 변화가 생겨 예산이 책정되지 않는다면 깜짝 이벤트로 그칠 가능성이 크다. 오히려 초기에 이 프로젝트에 대한 공감대가 잘 형성된다면 TF팀이 해산된다 해도 카페와 시민들의 자발적 참여로 이 맡겨놓은 카페가 지속될 수 있을 거라고 확신했다. 사이사이 TF팀은 스티커, 쿠폰 등의 제작과 홍보는 지원하되 별도의 예산 지원이 없이 마음만 있으면 되는 일로 사업을 설계했다. 이것이 실현되려면 프로젝트의 취지와 의미에 대해 이해하고 공감하는 카페의 역할이 매우 중요하다고 판단해 카페 모집에 공을 들였다.

처음에는 어른들의 선한 마음을 악용하는 아이들이 있으면 어쩌나 하는 우려의 목소리도 있었다. 소위 카페 투어를 다니며 기부 음료를 한꺼번에 털어 먹는 아이들이 나오지 않겠느냐는 이야기가 나왔다. 활동가들은 일부 그런 일이 있더라도 감안을 하자고 결정했다. 아이들이 이럴지도 모른다, 저럴지도 모른다고 예단하다 보면 결국 아무것도 할 수 없다. 그렇게 2022년 7월 1일 춘천의 18개 카페에서 시민들의 기부가 시작됐다.

우려했던 일은 일어나지 않았어요. 우리가 청소년들에 대해 잘못 알고 있는 것들이 참 많다는 걸 새삼 깨닫게 되었습니다. 오히려 초기에는 이용률이 굉장히 낮았어요. 무료라는 데에 아이들이 의외로 쭈뼛쭈뼛해요. 입소문이 나는 데 시간이 좀 걸렸습니다. 그 과정에서 맡겨놓은 카페 홈페이지에 '맡겨놓은 카페 MAP' 서비스를 추가했어요. 아이들이 민망한 경험을 하지 않도록 맡겨놓은 카페가 어디어디에 있고, 현재 몇 잔의 쿠폰이 남아 있는지 사전에 파악할 수 있도록 한 것이죠.

맡겨놓은 카페는 청소년들에게 '청소년이라는 것만으로 관심과 응원을 받아 마땅하다'는 것을 경험케 해주는 프로젝트다. 청소년들이 맡겨놓은 카페를 이용하는 데에는 어떠한 조건도 없다. 14~19세 청소년이라면 누구나 이용 가능하다. 기부 쿠폰 뒷면에는 맡겨놓은 카페를 이용한 청소년들이 답장을 쓸 수 있도록 칸을 마련해두었는데 이 역시 의무사항이 아니다. 그러나 누군가가 맡겨놓은 마음을 받은 아이들은 그 마음을 모른 체하는 법이 없다. 게시판에는 맡겨놓은 마음과 고마운 마음이 금세 소복히 쌓여갔다. 맡겨놓은 마음을 받은 아이들은 어른들의 응원 메시지에, 마음을 맡긴 어른들은 아이들의 감사 인사에, 동참 카페 운영자들은 그 모습을 바라보며 서로 뭉클해한다.

판은 춘천의 중간지원조직들이 깔았지만 맡겨놓은 카페를 가능케 한 것은 동참한 카페, 이름 모를 춘천 시민들이다. 2022년 7월 1일부터 12월 30일까지 6개월 동안 맡겨놓은 카페에 춘천 시민들이 기부한 쿠폰이 1,724잔, 그 가운데 1,373잔을 청소년들이 이용한 것으로 집계됐다.

누군가는 청소년들을 위한 전용 공간을 따로 만드는 것이 더 낫지 않느냐는 의견을 내기도 했다는데 맡겨놓은 카페를 추진하고 참여한 사람들은 고개를 젓는다. 맡겨놓은 카페가 단번에 세대 갈등을 해소한다거나 청소년 문제를 해결해주는 것은 아닐 거다. 그러나 어른과 청소년들 사이에 접점이 많아지고, 서로 마음으로 통하는 관계가 형성된다면 내가 사는 동네, 내가 자란 춘천에 더 애틋한 마음이 생길 거라고 믿기 때문이다.

맡겨놓은 카페는 청소년들에게
자신이 청소년이라는 것만으로 관심과 응원을 받아 마땅하다는 것을
경험케 해주는 프로젝트다.

기부라고 하면 어쩐지 노블레스 오블리주의 상징처럼 느껴지는 구석이 있다. 그러나 유명인 또는 기업 차원에서 '억' 소리 날 만큼 큰돈을 내는 것만을 기부라고 하진 않는다. 금액의 많고 적음이 기부의 가치를 매기는 기준이 될 수 없다. 그것은 관심과 성원의 영역이다. 맡겨놓은 카페처럼 한동네에 사는 아이들을 위해 자신이 할 수 있는 일을 찾아 기부를 실천하고 있는 남해 '행복한 베이커리' 제빵사 김쌍식 씨의 이야기가 귀감이 되는 이유다.

유명 예능 프로그램에 출연할 만큼 전국구 유명인사가 된 김쌍식 씨는 매일 아침 등굣길 아이들에게 그날 아침에 만든 빵을 무료로 나눠주고 있다. 빵을 올려놓은 진열대에는 다음과 같은 안내문이 붙어 있다. '배고프지? 아침밥 굶지 말고! 하나씩 먹고 학교 가자. 배고프면 공부도 놀기도 힘들지용.' 배고픈 설움을 겪어봤다는 그는 어떤 이유에서든 아침을 거르고 등교하는 아이들이 안쓰러운 마음에 자신이 만든 빵을 나눈다. 남는 빵을 나누는 일도 쉽지 않은데 그날 새벽에 만든 빵을 맨 먼저 아이들을 위해 내놓는다. 그가 경제적으로 여유로워서 하는 일이 아니다. 빚도 있고, 월세를 내며 장사를 하면서도 아이들을 위해 그 일을 계속해왔다.

　김쌍식 씨의 빵 나눔을 1년으로 셈하면 2천만 원어치가 넘는 수준이니 결코 적은 돈이 아니다. 그런데 김쌍식 씨의 이야기가 사회에 이목을 집중시킨 것은 그 금액 때문이 아니다. 자신을 드러내려 하지 않고 이웃과 더불어 사는 것이 결코 쉬운 일이 아님을 우리 모두가 알고 있기 때문일 것이다.

　근래 들어 김쌍식 씨처럼 이웃을 위해 애쓰는 이들에게 감동을 느끼고 선한 영향력을 이어가는 사람들이 늘어가고 있다. 몇 년 사이 신조어로 급부상한 '돈쭐'[2]이라는 말이 그런 맥락이 아닐까. 김쌍식 씨의 선행이 알려지자 남해까지 일부러 찾아와 빵을 구매하거나 한사코 거절하는 기부금을 툭 던져놓고 가는 사람들이 생겨났단다. 이외에도 형편이 어려운 형제에게 공짜 치킨을 제공한 치킨 가게 이야기가 알려지자 '적게 일하고 많이 버시라'며 전국 각지에서 결제만 하고 치킨은 받지 않는 주문이 폭주한 것도 돈쭐의 대표적인 사례다. 내게는 이 돈쭐이 기부 문화의 진화된 형태로 읽힌다. 더욱이 매력적인 것은 내가 사는 지역이 아닌데도 기꺼이 그곳을 찾아가 소비하며 새로운 관계들이 형성된다는 점이다.

맡겨놓은 카페를 알게 된 날 나는 카페 운영자에게 아이들이 좋아하는 음료를 물어 청포도 에이드 두 잔을 맡겼다. 좋은 건 널리 알려야 하는 법, 개인 SNS 계정에 카페를 태그하고 맡겨놓은 카페를 소개했는데 며칠 후 그 게시글을 확인한 카페 운영자로부터 메시지를 받게 됐다. 며칠 전에 맡겨놓은 마음을 그날 아침 춘천고등학교 학생들이 찾아갔다는 소식이었다. 카페 운영자는 아이들이 남긴 고맙다는 인사와 함께 기념사진까지 보내주었다. 카페가 위치한 춘천 온의동은 그날 내가 처음으로 간 낯선 동네인데 생각지도 못한 피드백을 받고는 얼마나 뿌듯하던지 나는 조금의 망설임도 없이 '또 마음 맡기러 가야겠어요' 하고 답을 보냈다. 어쩌다 한번 가본 동네와 내 마음을 맡긴 동네에는 엄청난 차이가 있지 않은가. 물리적 거리감은 그대로라 해도 심리적 거리감은 확실히 줄었다.

지역을 이해해야 지역을 좋아할 수 있다

효자동에 위치한 한 작은도서관 열람실에는 행정동별로 주민들의 삶을 구술 채록하여 지역의 역사를 촘촘하게 기록한 동지(洞誌)부터 춘천의 명소들을 소개한 여행서까지

춘천을 소재로 한 책들을 한데 모아둔 칸이 있다. 범주를
강원까지 넓히면 지역사로 분류된 책이 모두 스무 권 남짓
이다. 문득 수도 서울이나 관광도시인 제주 정도를 제외하
고 한국에서 특정 지역을 다루는 책이 주목받은 적이 얼마
나 있었나 싶은 생각이 들었다. 규모가 더 큰 시립도서관에
는 지역사로 분류된 책이 훨씬 더 많이 비치되어 있는데 그
중 다수가 공공에서 발행하는 간행물과 보고서다. 그 속에
서 눈에 띄는 책 한 권이 있었다. '안녕? 우리 춘천!'이라는
제목이며 표지 분위기가 딱 봐도 어린이 도서다. 되게 의외
다 싶어 이리저리 살펴보는데, 교재였다.

> 우리 고장, 춘천의 모습에 대해 생각해본 적이 있나요?
> 우리는 모두 각자의 생김새가 있어요. 키, 얼굴, 머리 모양,
> 옷, 자세 등이 모여 그 사람만의 모습이 만들어져요. 고장의
> 모습도 마찬가지예요. 고장을 이루고 있는 다양한 것들이
> 한데 어우러져 그 고장만의 모습을 만들어내요. 우리 고장,
> 춘천은 어떤 모습일까요?
>
> – 「안녕? 우리 춘천!」 중에서

초등학교 3학년 1학기 사회 교과서에는 '우리 고장의

모습' '우리가 알아보는 고장 이야기' 등 기초자치단체에 대한 이해를 돕는 단원이 있다. 교과서에는 표준화된 내용이 실리기 마련이다. 기초자치단체의 이해를 돕는 단원이라고 해도 각 지역 맞춤 교과서가 발행되지는 않기 때문에 교육 현장에서는 교과 성취 기준에 맞춘 보조 교재가 필요하다. 이처럼 학생들이 자신들이 살고 있는 지역을 올바르게 이해하고 지역에 대한 자긍심을 높일 수 있도록 개발된 보조 교재를 '지역화 교재'라고 한다. 「안녕? 우리 춘천!」의 경우 춘천에 지역화 교재가 없다는 것을 알게 된 춘천학연구소[3] 김헌 학예연구사가 2020년 춘천시와 춘천교육지원청에 적극적으로 교재 개발을 제안하면서 만들어졌다.

춘천의 아이들이 우리 지역을 이해할 수 있는 것들을 만들어보자고 했죠. 지역을 이해해야 지역을 좋아할 수 있지 않겠어요? 그래야 성인이 되어서도 내가 이 지역에 계속 정주해도 좋겠다고 선택할 수 있을 거라 생각합니다. 이 이야기를 아이들에게 어떻게 전달하면 좋을지는 현실적으로 접근해야 하는데, 공교육 현장에서 구현되는 것이 가장 효과적이라고 판단했습니다.

지역화 교재는 2009년에 개정된 교육과정에 따라 본격적으로 개발되었다. 그렇다면 다른 기초자치단체에도 이와 같은 보조 교재가 있다는 얘기다. 「한 발짝! 두 발짝! 우리 마을 속으로」(인천 연수구), 「알면 알수록 이로운 아하~ 서구」(대구 서구), 「우리 고장 이천」, 「발전하는 아산」 등 교육지원청 단위로 각 지역 맞춤 보조 교재들이 발행되고 있다. 코로나19 시대를 지나며 전자책 서비스를 시행한 지역도 있고, 다문화 가정이 많은 지역에서는 아프가니스탄, 베트남, 캄보디아, 필리핀, 중국, 일본 등의 다양한 언어로 번역해 콘텐츠를 제공하기도 한다.

보조 교재라 해도 표준화된 교육과정의 목차를 준수하는 동시에 교과 성취 기준에도 맞아야만 실제 학교에서 활용할 수 있다. 이에 「안녕? 우리 춘천!」 기획에는 교원 자격이 있거나 교육 행정에 이해도가 높은 연구원과 장학사, 각 부처 담당자들이 참여했고, 춘천의 초등학교 교사들이 집필진으로 함께했다.[4]

4~6학년을 위한 지역화 콘텐츠도 개발 중이다. 초등 사회 교과에서 4학년은 광역자치단체, 5학년은 국가, 6학년은 세계를 배운다. 이 각각의 교육과정에서 지역화 교재는 사회를 이해하는 필수 개념과 함께 춘천이 어떠한 위치

"만약 다른 고장에 사는 친구를 만난다면
우리 춘천을 어떻게 소개하고 싶은가요?"

에 있는지를 알아가고 생각해보는 맥락으로 개발될 것이다. 중학생을 위한 콘텐츠는 자유학년제를 활용할 계획이라고 했다.

중학교 사회 교과에는 지역사회에 대해 학습하는 단원이 없어서 자유학년제의 진로체험과 연계하려 합니다. 우리 지역의 지리적 환경은 어떠하고, 어떤 사건들이 사회적으로 반향을 일으켜 지금과 같은 산업 구조와 직업적 특성들이 만들어졌는지를 탐색해보는 과정이 될 거예요. 가령 댐이 건설되고 상수원 보호 구역이 되면서 춘천에는 굴뚝 없는 산업만 허용이 돼요. 그러니까 현재 바이오, IT, 관광이 춘천의 대표적인 산업들인데 왜 이런 산업들이 발달하게 되었는지, 결과적으로 우리 지역의 자원을 이해하는 형태가 될 거예요. 그러고는 우리 지역에서 할 수 있는 일, 자신이 선택할 수 있는 직업에는 어떤 것들이 있는지를 확인하고 직접 체험해보는 것이죠. 이 진로체험은 단순한 체험을 넘어 춘천의 역사와 일반 사회, 지리, 산업까지 한꺼번에 익히는 통합 교과 역할을 하게 될 것으로 기대합니다.

예나 지금이나 우리 사회는 아이들을 성적으로 줄 세우고, 그에 따라 선택할 수 있는 직업군이 정해진다. 나는 어떤 사람인지, 무엇을 좋아하고 싫어하는지, 무엇이 되길 원하고 꿈꾸는지를 생각할 기회가 얼마나 될까? 나이, 출신지, 학교나 직장 같은 소속을 나열하는 것이 자기소개의 기본값이 되어버린 것은 어쩌면 당연한 결과일지도 모른다. 입시생과 취업준비생을 대상으로 한 자기소개서 컨설팅 시장이 형성된 것도 그리 놀라운 일이 아니다. 지방에서 서울로 진학 또는 취업하지 못하면 루저로 인식되는 분위기 속에서 우리들은 '모로 가도 서울만 가면 된다'라는 말을 부지런히 따르며 살아왔고, 시간이 흘러 '지방에는 먹이가 없고, 서울에는 둥지가 없다'는 현실에 이르러 이게 문제인 줄은 알게 되었지만 그럼에도 선뜻 길을 바꾸지도, 새로운 길을 만들어내지도 못하고 있는 것만 같다.

몇 시간 되지도 않는 사회 수업, 그것도 지역에 대해 고작 몇 단원을 배우는 게 뭐 그리 영향이 있겠느냐고 되물을지 모르겠다. 과연 그럴까? 보조 교재로서 지역화 교재는 단순히 우리 지역에 어떤 '자랑할 만한' 것이 있는지를 나열하는 자료가 아니다. 이미 초등 교육과정에서 활용하고 있는 「안녕? 우리 춘천!」을 예로 들어보자. 이 교재는 아이들에게 '우리 춘천은 이렇다' 하고 정답을 주는 것이 아니라 '만약 다른 고장에 사는 친구를 만난다면 우리 춘천을 어떻게 소개하고 싶은가요?'라고 물으며 지역의 여러 장소를 떠올려보게 한다. 그러고는 각자 자유롭게 '내가 생각하는 우리 고장의 모습'을 그린 다음 공통적으로 나타난 모습과 다르게 나타난 모습을 찾는다. 이를 통해 아이들은 지역의 범주를 확인하고, 자신이 지금 어떤 환경에서 살아가고 있는지, 더불어 다양한 삶의 환경이 있으며 환경에 따라 삶의 방식 또한 달라질 수 있음을 알아갈 수 있다. 결국 아이들은 자신의 생활에 기반하여 사회를 보다 폭넓게 이해할 수 있고, 이것은 자연스럽게 지역사회의 일원으로서 스스로의 위치를 확인하는 일로 이어질 것이다. '지역을 이해해야 지역을 좋아할 수 있지 않겠어요?'라고 되물은 김헌 학예연구사의 말도 이런 맥락에 맞닿아 있다.

춘천의 농촌으로 유학 오는 아이들

춘천시 사북면 고탄리에는 아이들이 산다. 마을에서 나고 자란 아이들보다 도시에서 농촌으로 유학 온 아이들의 수가 더 많다. 아이들은 부모와 떨어져 농촌에서 초등학교를 다니고, 하교 후엔 춘천별빛산골교육센터에서 운영하는 의식주 중심의 교육 활동에 참여하거나 해가 질 때까지 뛰놀며 하루하루를 보낸다. 학교 수업 외에 나물을 캐고, 냇가에서 물놀이를 하고, 들판에서 메뚜기를 잡거나 꽁꽁 언 얼음을 깬 뒤 빙어낚시를 하는 것도 이곳에서는 배움의 영역이다. 식사와 잠자리 등의 생활은 마을 농가에서 지내는 홈스테이를 이용한다. 이곳 아이들은 유학 생활을 하는 고 탄리를 '별빛'이라고 부른다.

친구 따라 강남 간다는데 이민주 학생은 2021년 초등학교 5학년 때 친구 따라 별빛으로 유학을 왔다. 먼저 유학 온 친구의 이야기를 듣고는 부럽기도 하고 궁금하기도 했다. 단번에 유학을 결정하기보다 먼저 캠프에 참여해 친구의 말이 참말인지 확인했다. 막상 엄마와 떨어진다고 생각하니 불안한 마음이 들어 잠시 망설이기도 했지만 쌍둥이 자매가 있어 용기를 냈다. 코로나19 상황이 심각해지면서 학교에 가지 못하고 온라인으로 수업을 받는 데 피로감을 느끼던 차였다. 엄마 또한 쌍둥이 자매가 가족과 떨어져 지내본 적이 없었기 때문에 걱정이 많았다. 그런데 웬걸, 2주에 한 번 집으로 오는 날, 엄마 보고 싶었다고 울 줄 알았던 쌍둥이가 너무너무 재미있다고 농촌유학 생활을 조잘대는 것이 아닌가. 괜히 섭섭해지더란다.

> 도시에 살 땐 맨날 공부에 매달렸어요. 친구들도 다 학원에
> 다니고 공부도 잘해야 한다는 압박감이 있었는데 여기
> 와서 생활하다 보니까 '초등학교 때 공부는 그렇게 중요한
> 것이 아니구나. 학교에서 배우는 만큼만 공부하면 되지,
> 노는 것도 중요한 경험이구나'라는 것을 느낄 수 있었어요.
> 또 집에서는 핸드폰이나 태블릿, 혼자서 하는 거 말고는 할
> 수 있는 게 별로 없었어요. 여기에선 여럿이서 할 수 있는
> 놀이도 실컷 해보고 친구들이랑도 만나고, 생활 패턴이
> 많이 바뀌었어요.[5]

이민주 학생은 여기서는 바뀌는 계절마다 색다른 활동을 할 수 있고, 그림 같은 풍경을 매일 볼 수 있어 더없이 좋다고 한다. 서울에서는 경험할 수 없었던 것들이라고. 어려웠던 점이라고 하면 유학생 중에 여학생이 많지 않아 홈스테이 농가를 배정받기가 쉽지 않았다는 것 정도다. 농촌 유학을 온 친구들과는 학교에 이어 센터에서도 함께 시간을 보내니 서로 투닥거릴 일이 제법 생기기도 하지만 즐거운 기억이 더 많으니 문제될 것 없다고 한다. 서울에서는

친구들과 어울릴 기회가 좀처럼 없었다. 계속 별빛에서 유학생활을 하고 싶은데 중학교 과정이 없다는 게 아쉬울 따름이다.

2017년 초등학교 1학년 때부터 별빛에서 유학생활을 시작했다는 박수빈 학생은 처음에는 우는 날이 많았다. 너무 어릴 때라 전부 다 기억이 나진 않지만 가족들이 보고 싶어서 울었던 것 같다고 했다. 시간이 지나면서 농촌 생활이 익숙해지기도 했고 친구들과 지내는 데 재미를 느끼게 됐는데, 지금은 새로운 환경에 적응하고 어려움을 극복한 것을 스스로 기특하게 여기는 중이란다. 가족과 떨어져 지내다 보니 가족의 소중함을 더 크게 느끼게 된 것도 좋다. 가끔 보아서 더 반가운 마음도 들고, 가족들과 떨어져 어떻게 지내고 있는지 이야기해주고 싶기 때문이다. 고학년이 되면서는 도시의 집에 가서도 빨리 별빛으로 돌아가고 싶다고 생각한다니, 큰 변화다.

춘천에 올 땐 늘 기차를 타고 와요. 처음 기차를 탈 땐 부모님과 떨어진다는 생각에 무섭기도 하고 떨리기도 했어요. 한 번 두 번 친구들이랑 같이 기차를 타고 오다 보니 창밖으로 지나가는 풍경도 보고, 기차여행 하는

"제 또래 친구들은 혼자 기차를 못 타지 않을까요?
뭔가 스스로 할 수 있는 힘이 생긴 것 같아요."

기분도 들어 재미있어졌어요. 무엇보다 이제 혼자 기차를
타는 것이 무섭지 않아요. 정말 제 스스로가 멋지다고
생각해요. 제 또래 친구들은 혼자 기차를 못 타지
않을까요? 뭔가 스스로 할 수 있는 힘이 생긴 것 같아요.[6]

별빛은 자랑할 게 참 많단다. 한 반에 학생이 7~8명밖
에 되지 않아 친구들이나 선생님과 더 가까이 사이좋게 지
낼 수 있는 것도 좋고, 프로그램도 다양해서 좋다. 자기가
해보고 싶은 것이 있으면 직접 동아리를 만들어 시도해볼
수도 있다. 박수빈 학생이 가장 좋아하는 것은 전래놀이다.
옛사람들이 했던 놀이를 현대식으로 바꾸어 놀이를 진행
하는데 얼마나 재미있는지 모른단다. 소개해주고 싶은 전
래놀이가 진짜 많단다. 박수빈 학생은 별빛이 자신에게 고
향 같은 곳이라 졸업하고 싶은 마음도 없고 나중에 커서도
계속 생각이 날 것 같다고 했다.

지역소멸 시대에 만들어지는 '고향 같은 곳'

가끔 고향이 대구라고 하면 '대구는 막창이 맛있지!'라고
동의해주기를 바라는 반응을 마주하거나 '대구에서 가볼

만한 곳 좀 추천해줘'라는 요청을 받는다. 고등학교를 졸업할 때까지 대구에 살았지만 학생이 막창 먹을 일이 뭐가 있었겠나. 학교 앞에서 파는 컵떡볶이 정도가 가장 맛있는 음식이지. 나는 대구막창이라는 이름의 음식을 서른이 넘어 서울에서 처음 먹어봤다. 몇 해 전까지만 해도 대구의 명소가 어딘지도 잘 몰랐다. 대구에 살 때는 집과 학교 사이를, 대구를 떠나고는 동대구역과 집 사이를 오갈 뿐이었다. 오히려 각 지역의 근대 문화유산을 소개하는 연재를 맡게 되면서 처음으로, 대구에 어떤 역사가 흘렀고 무엇이 남아 있는지를 이방인의 시선으로 찾아보게 됐다. 그 과정에서 고향에 대한 그리움, 그게 뭔지 잘 모르겠다 정도가 아니라 내 고향이 참으로 낯설게 느껴지는 경험을 하고 말았다. 그러니 고향 같은 곳이 생겨서 좋다는 초등학교 6학년 농촌유학생의 이야기에 신기하면서도 부럽기도 했다. 더욱이 게임 캐릭터 수집이 어울릴 법한 아이의 입에서 '알려주고 싶은 전래놀이가 많다'는 이야기가 나오다니.

아이들이 별빛이라고 부르는 고탄리의 농촌유학은 2005년 한 아이에게 닥친 불행한 사고로부터 시작됐다. 고탄리에서 방과 후 친구들과 놀다가 귀가하던 아이가 교통사고를 당한 것이다. 고탄리는 춘천 도심에서 차로 20㎞

남짓 떨어져 있는 농촌 마을이다. 학원 차가 운행되지 않는 지역이라 어른들이 농사일을 하는 동안 아이들은 이렇다 할 돌봄을 받지 못한 채 저들끼리 시간을 보낼 때가 많다. 그 사고를 계기로 마을의 학부모들은 아이들이 안전하게 지낼 수 있는 환경을 마련하기 위해 마을회관에 공부방을 마련했고, 2007년에는 지역아동센터로 등록했다. 그러나 얼마 못 가 고탄리 송화초등학교의 학생 수가 12명까지 줄면서 폐교 위기를 맞았다. 그때 시도한 것이 농촌유학이었다. 내 아이는 물론 우리 모두의 아이들이 자연의 풍요로움 속에서 스스로 치유하고 성장할 수 있게 해보자고 뜻을 모은 것이다.

2010년 네 명의 도시 아이들을 시작으로 현재까지 2백여 명의 아이들이 별빛에서 유학 생활을 했다. 폐교 이야기가 쏙 들어간 것은 물론이고 이제는 농촌유학으로 꽤 이름난 동네가 됐다. 최근에는 아이들에게 독특한 '스펙'을 마련해주려는 학부모들로부터 문의가 들어오기도 한다. 아이를 위해 마을에 전원주택을 짓고 부모는 별장처럼 오갈 계획까지 세워 찾아오는 경우도 있다. 이럴 땐 완곡하게 거절하는 것도 일이다.

요즘 지방소멸이라는 말을 심심찮게 접한다. 땅이야 그대로겠지만 인구소멸 위험지역 중에는 행정구역으로서의 역할을 상실하고 다른 시군구로 통합되어 지도에서 찾아볼 수 없게 되는 곳이 생길 수 있다는 말이다. 지역소멸이라고 하지 않고 지방소멸이라고 하는 것은 서울과 수도권 이외의 지역이 사라진다는 것을 의미한다. 이는 단순히 지명이 사라지는 차원의 문제가 아니다. 그만큼 서울과 수도권의 과밀화가 거세지는 것으로 귀결된다. 그 틈바구니에서 우리가 다 함께 행복하게 살아갈 수 있을지는 그리 깊이 생각하지 않아도 답할 수 있다.

지방소멸은 지방에 먹고살 것이 없어 청년들이 떠나가니 출생률은 떨어지고, 고령화는 심해지며, 결국 인구가 감소하여 지방이 소멸하게 된다는 논리다. 서울과 수도권에 인구가 집중되는 것도, 지방의 세가 약해지는 것도 사실이다. 한편 지역 인구 감소를 막기 위한 방법으로 출산을 하면 돈을 주고, 공공기관을 지방으로 이전해 공무원들의 이주를 유도하고, 기업을 유치해서 청년 일자리를 마련하는 등의 대책이 나오고 있는데 이런 류의 뉴스를 볼 때마다 상당히 서글퍼진다. 국가가 국민 한 사람을, 사람이기 전에

'원 오브 뎀(one of them)' 5천만 인구 중의 하나라는 숫자로 가늠하는 것만 같아서. 또 그 대책이라는 것들이 각 지역을 서울이나 수도권의 도심과 다를 바 없는 모습과 역할을 하는 지역으로 만들어버리는 것 같아서. 여전히 이 세계는 '잘 사는' 것보다 '잘사는' 것에 방점이 찍혀 있는 것 같아서.

내게는 춘천에서 마주하게 된 맡겨놓은 카페, 지역화 교재 「안녕? 우리 춘천!」, 그리고 농촌유학이 하나의 결을 이룬다고 느껴졌다. 표면적으로는 지역의 아이들을 위한 프로젝트라고 할 수 있겠지만 사실은 춘천이라는 지역과 춘천 사람들 간의 끈끈한 연결고리를 만드는 일이 아닐까, 설령 지금의 아이들이 춘천을 떠나게 되더라도 언제든 다시 돌아오게 할 따뜻한 품을 만드는 일이 아닐까 하고 말이다.

색깔을 만드는 일

도시에 하나의 색깔을 입히는 일은
쉽지 않다.

춘천이라고 하면 떠오르는 것은? 몇 해 전 춘천시가 수도권 시민을 대상으로 설문조사를 한 적이 있다.[1] 그 결과가 어땠냐면, 춘천 하면 연상되는 단어를 묻는 질문에 전체 응답자 중 41.4퍼센트가 닭갈비를 골랐고, 이어 소양강 13.6퍼센트, 호반의 도시 11.7퍼센트, 막국수 7.8퍼센트 순으로 답했다. 도시 이미지는 전체 응답자 중 42.4퍼센트가 '먹을거리가 있는 도시'를 고른 데 이어 '경관 휴양의 도시' 26.1퍼센트, '청정 환경 도시' 11.3퍼센트, '문화예술의 도시' 9.2퍼센트 등을 선택했다.

춘천에 대해 닭갈비와 식도락의 이미지가 이렇게 압도적일 줄은 몰랐다. 결과가 이 정도면 시에서 닭(갈비)으로 뭐라도 했어야 하는 것이 아닌가 싶기도 하다. 춘천을 방문하는 여행객은 내국인이 95.7퍼센트를 차지하는데 그중에서도 수도권 관광객 비중이 절대적이다.[2] 현황이 그렇다면 요즘 대세라는 소셜미디어 마케팅 측면에서 아주 매력적인 닭 캐릭터를 만들어 펭수의 아성에 도전하는 구도를 짜는 것이 소위 '먹히는' 도시 브랜딩이 아니었을까 싶은 생각이 벼락같이 들었다. 이웃 나라 일본 규슈의 구마모토현 캐릭터 쿠마몬[3]처럼 지역 경제 활성화에 혁혁한 공을 세울지 혹시 모를 일이다.

그래서 말인데 춘천시를 상징하는 나무는 은행나무요, 꽃은 개나리, 새는 산까치, 그리고 동물이 호랑이다. 시 홈페이지에 이렇게 안내되어 있긴 한데, 왜 이들이 춘천의 상징종인지 고개를 끄덕일 만한 내용은 없다. 자기가 사는 지역의 상징종을 알고 있는 사람이 많지는 않을 거다. 대부분의 지자체에서 지역을 대표하는 나무, 꽃, 새, 동물 등의 상징종을 지정하고 있지만[4] 지역의 특색에 꼭 맞고, 지역민들에게도 사랑받는 경우는 드물다. 그럴 만도 한 것이 중복 지정된 상징종이 많다. 춘천시의 상징 나무인 은행나무는 무려 72개 지자체에서 상징 나무로 지정하고 있다. 개나리꽃은 34개 지자체, 까치는 59개 지자체에서 상징종이다.[5] 호랑이는 다행히도 2개 지역뿐인데 춘천시가 유일하려면 강릉시와 다퉈야 한다. 그렇지만 또 이 호랑이가 특정 지역보다는 한국 전체를 상징하는 동물로 인상이 짙은 것이 걸린다. 닭을 상징 동물로 삼은 지자체는 하나도 없는데 진짜로 이참에 닭을… 진지하게 고려해봄직하지 않은가. 닭 이미지를 차용하는 데 그치는 것이 아니라 적극적으로 닭 관련 산업을 유치할 수도 있고, 닭 사육과 관련하여 자연방사형 농장부터 생추어리에 이르기까지 다양한 방식의 환경을 선도적으로 도입한다면 춘천이 지향하는 문화관광, 생태도시 조성과도 시너지를 낼 수 있지 않겠느냐 말이다.

상징종은 자연환경보전법 제56조를 근거로 지정·운영된다. 이 법률은 자연환경 보존 차원에서 제정되었는데, 각 지자체가 상징종 보존을 위한 노력을 얼마나 하고 있는지는 잘 모르겠지만 본말이 전도된 인상을 지우기가 어렵다. 상징종이야 형식적인 것 아니겠느냐고 말하는 사람도 있겠다. 그러니까 그 형식적인 일을 왜 하는 것인가? 비단 상징종에 국한되는 문제가 아니다. 이는 근래 대다수의 지자체에서 도시 브랜드를 만들고 알리는 일과도 연결된다. 결국 지역 경제를 활성화하고 지역의 경쟁력 강화를 위한 노력인데 그게 얼마나 지역의 정체성에 부합하는지 또는 얼마나 지역사회에서 공감대를 형성하는지를 묻고 싶어진다.

지역 바깥에서 생각하는 도시 이미지와 지역 내에서 생각하는 도시의 정체성은 다를 수 있다. 또 지역이 내세우는 도시 브랜드가 꼭 그 지역이 오랫동안 형성해온 정체성을 부각시키는 것만도 아니다. 지역의 자산이 미미하다거나 이미지 전환이 필요하다고 판단되거나 또 여러 이유로 긍정적인 인상을 심어주는 동시에 경쟁력 있다고 판단되는 무언가가 있다면 그를 기반으로 도시 브랜드를 만들고 대대적인 홍보 활동을 펼치게 된다. 도시의 정체성과 브랜드 이미지가 당장에 꼭 일치하지는 않는다 해도 꾸준히 일관된 메시지를 전달하고, 지역 안팎에서 자연스럽게 받아들여지면 훌륭한 도시 브랜딩으로 평가받기도 한다.

춘천시도 'ㅇㅇ도시'라는 이름을 내걸고 도시 브랜딩을 하고 있는데, 여기서 ㅇㅇ도시라고 제시할 수밖에 없는 것은 하나가 아니기 때문이다. 근 몇 년만 되짚어도 춘천시는 20개가 넘는 ㅇㅇ도시를 선포했다. 그 면면을 살펴보면 협동조합도시·아동친화도시·영화특별시·태권도종주도시·드론시티·대학도시·행복도시, 여성친화도시·에너지혁신도시·장벽없는도시·반려동물동행도시·스마트그린도시, 법정문화도시·나눔도시·국제슬로시티·커피도시·자전거도시·데이터선도도시·메타버스선도도시, 전환도시 원년·레저도시·창업도시·어린이수도 등이다. 올해 2023년에는 교육도시·사회적경제도시·넷제로도시 등이 선포됐다.

춘천이 이토록 다양한 성격의 도시를 지향하는 것이 그만큼 이곳에 관련 자원과 매력이 많기 때문이라고 봐야 할까? 시가 내세우는 각양각색의 도시 브랜드들도 저마다 이유가 있고 전략이 있을 것이다. 그러나 법정문화도시처럼 정책 사업으로 일정한 지위를 가지는 브랜드가 있는 반면, 비전 제시에 그치거나 관련 정부 사업에 도전했다가 선정되지 못하면서 흐지부지된 것도 상당수다. 이쯤에서 이 도시를 수식하는 또 하나의 문구가 떠오른다. '공무원의 도시'[6] 춘천. 너무도 열심히들 일한 것 아닌가 싶다.

이 도시, 살 만한가

대대손손 내려온 500년 된 된장을 묻어둔 장독도 없고, 노가리 머리에 파뿌리에 한약재까지 넣어 보름 이상 우려낸, 며느리도 안 가르쳐준다는 기가 막힌 육수도 없습니다. 아무 비법 없는 게 우리 집 비법입니다. 그냥 제가 새벽에 나와 따뜻한 밥 지어놓고, 특별히 맛은 없어도 정성껏 국과 반찬을 준비하는 거 그게 전부입니다. 우리 이쁜이 손님 여러분들이 맛있게 드셔주시니 그게 감사할 따름이죠. 항상 고맙게 생각하며 열심히 살겠습니다.

춘천의 원도심이자 강원도청과 춘천시청에 인접해 있어 점심시간이면 공무원들이 많이 찾는 요선동 골목에서 생선구이 백반을 내놓는 '강릉집' 외벽의 글귀다. 아무 비법이 없다는 이 식당은 식객 허영만 화백의 유명 TV 프로그램에 소개되었을 만큼 내로라하는 맛집이다. 겸양의 태도가 돋보이는 식당 주인의 자기 다짐과 감사의 마음을 담은 글이지만 나는 언젠가부터 춘천 하면 강릉집 외벽에 내걸린 이 글귀를 떠올리게 된다.

도시의 인상은 그럴듯한 수식을 단 도시 브랜드보다 도시의 골목골목에서 느껴지는 분위기, 그 속에서 움직이는 사람들의 표정에 달려 있다. 그런 측면에서 춘천은 강릉집이 내건 글귀처럼 참 수더분한 도시라는 인상을 준다. 이곳 사람들의 생각은 어떨까?

부지런히 춘천을 오가긴 했어도 이 지역 사람들만큼 춘천을 더 잘 알기도 어려울뿐더러 정말 궁금했다. 춘천 사람들은 춘천을 어떤 도시라고 생각하는지, 자기가 살고 있는 도시를 좋아하는지, 무엇보다 계속 여기에서 살고 싶은지 말이다. 누군가가 벗어나고 싶어 하는 도시를 매력적이라고 할 수는 없을 테니까. 이곳에서 누군가를 만날 때마다 "춘천 토박이세요?" "당신에게 닭갈비란?" "춘천은 어떤 도시예요?" 하고 묻고 다닌 이유다. 유의미한 통계는 아니더라도, 어쩌면 통계 수치로 나올 수는 없지만 실재하는

도시의 인상은 그럴듯한 수식을 단 도시 브랜드보다
도시의 골목골목에서 느껴지는 분위기,
그 속에서 움직이는 사람들의 표정에 달려 있다.

어떤 공통된 정서를 확인할 수 있지 않을까 하는 기대가 있었다.

일단 이곳 사람들이 춘천을 '닭갈비 맛이 일품인 식도락의 도시'로 생각하는 것 같지는 않다. 춘천닭갈비가 이 지역의 향토음식으로 알려져 있지만 사실 향토음식으로 분류하기에는 역사가 짧은 편이다.[7] 멀리서 손님이 오면 대접할 만한 것으로 지역명을 앞에 붙여도 될 만큼 확실한 메뉴가 있다는 것이 좋긴 해도, 지역 사람들의 일상에서 닭갈비의 지분이 대단히 크다고 보기는 어렵다.

그렇다고 춘천 사람들이 시가 추진하고 있는 수많은 ○○도시에 공감하고 지지하느냐면 '기다 아니다'보다는 별 관심이 없는 쪽에 가깝다고 보는 게 맞겠다. 이는 서울에 살고 있는 내게 서울의 도시 슬로건이 '아이 서울 유'에서 '서울, 마이 소울'로 바뀌는 데 별 감흥이 없는 것과 같은 맥락으로 읽힌다. 어느 지역이든 도시 브랜드와 그에 따른 슬로건이 너무 다양해 혼란스럽고, 불필요한 예산 낭비가 아니냐는 목소리가 작지 않다.

2022년 「춘천시 사회조사 보고서」[8]에서 이사 계획을 묻는 질문에 21.6퍼센트의 시민들이 있다고 답했는데 그 이유로 가장 많은 비중을 차지한 것이 바로 직장이다. 연령별로는 20대가 32.1퍼센트, 30대가 41.6퍼센트, 아주 높은 비율로 실제 이사 계획이 있다고 답했다. 그 이유에 대해 20대는 직장(52.6%), 편의시설(21.2%) 순으로, 30대는 주택 문제(26.9%), 자녀교육(21.4%), 직장(19.6%) 순으로 답했다. 연령이 낮을수록 타 시도 이주 희망이 증가하고 연령이 높을수록 강원도 내 지역 이주를 희망하는 경향이 나타나는데, 이 역시 직장 문제가 영향을 미친 것으로 추정된다. 지역경제 활성화를 위해 우선적으로 필요한 정책을 묻는 질문에서도 역시나 '일자리 창출'이 53.3퍼센트로 가장 높은 응답률을 보였다. 모든 연령에서 가장 큰 비중으로 일자리 창출이 필요하다고 답했다. 결국 이 수치들은 시민들이 일자리 문제를 상당히 심각하게 생각하고 있다는 것, 특히나 청년 상당수가 이곳을 떠나고 있고 혹은 떠날 준비를 하고 있는 현실을 짐작케 한다.

2022년 「춘천 시민 행복도 측정을 위한 연구보고서」를 보면 춘천 시민들이 공기 질(3.89), 공원·녹지(3.85), 상수도(3.85) 등 전반적인 도시 환경에 높은 수준의 만족도를 보인다는 것을 확인할 수 있다.[9] 그러니까 춘천이 살기 좋은 환경인 것만은 분명한데 먹고살 거리는 부족하다는 것이 보다 선명해진다. 그렇다면 '다른 삶'을 좇아 새로운 삶

의 근거지를 찾고 있는 이들에게 춘천이 가진 이러한 조건
은 어떤 영향을 미칠까?

무엇이 그/그녀를 돌아오게 했을까

기회가 될 때마다 춘천이 어떤 도시냐고 물었던 나는 상당
히 독특한 답을 반복해서 듣게 됐다. "춘천은 프랜차이즈
가 잘 안 돼요." 같은 듯 다른 표현으로 "춘천에는 프랜차
이즈가 없어요"가 있다. 프랜차이즈라니 뭐 이렇게 뜬금없
는 키워드가 다 있을까 싶으면서도 이해가 될 것도 같았던
것은 몇 해 전 도시 발전도를 정확히 보여준다는 '버거 지
수'[10]가 화제에 오른 것이 떠올랐기 때문이다. 꼭 버거 지수
가 아니더라도 프랜차이즈 매장의 많고 적음은 표면적으
로 도시화 정도를 가늠하는 기준이 된다. 처음 한두 번 춘
천에 프랜차이즈가 잘 안 되거나 없다는 말을 들었을 때는
기대만큼 도시화가 이뤄지지 못한 데 대한 볼멘소리 정도
가 아닐까 싶었다. 그 경우의 뉘앙스는 대략 이랬다.

춘천은 참 느린 도시예요. 트렌드가 10년은 늦는 것 같아요.
요즘 지역 온라인 커뮤니티에서 제법 화제가 되는 게 뭔 줄

아세요? 곧 써브웨이가 입점한다는 소식이에요. 어디에 생기느냐, 언제 오픈하느냐, 드디어 생기는구나 하고 댓글 반응이 장난이 아니죠.

이렇게 아쉬움을 표하는 목소리와 함께, 혹자는 서울과 한 시간 거리로 가깝다 보니 춘천에 없어도 딱히 아쉬울 게 없다는 제 나름의 분석을 내놓기도 한다. 그런데 이 이야기를 꺼낸 것은, 프랜차이즈가 없고 잘 안 되는 동네라는 데에 은근한 자부심을 내보이는 이들이 훨씬 많았기 때문이다. 춘천 효자동에서 전통주 전문점 꽃술래를 운영하고 있는 이은주 씨[11]는 그 이유를 알 것도 같다고 했다.

춘천은 굉장히 작은 도시거든요. 그런데 그 안에 어느 지역에 가도 똑같은 모습, 똑같은 서비스를 제공하는 매장이 있다고 생각해보세요. 매력도 없고, 재미도 없잖아요. 좁은 동네이니 만큼 그 안에서 볼거리도, 즐길거리도 보다 다양하게 요구된다고 봐요. 그런 면에서 춘천 사람들은 확실히 프랜차이즈보다 자기 색깔이 분명한 가게들을 선호한다는 생각이 들고요.

춘천 사람들은 전반적인 도시 환경에
높은 수준의 만족도를 보인다.
다만 청년들의 생각은 조금은 복잡다단하다.

은주 씨의 말에 귀를 기울이게 된 것은 그가 춘천에서 나고 자랐지만 춘천을 떠나 수원에서 대학 생활을 하고 서울에서 사회생활도 해본 뒤 춘천으로 '돌아온' 청년이기 때문이다.

지역의 청년들이 수도권으로 이탈하는 현상이 가속화돼 지역이 소멸될 위기를 맞게 되었다고들 하는데 그 청년들이 수도권으로 이탈하게 된 것은 우리 사회가 종용해온 일이다. 한국 사회의 청소년 대부분은 공부 열심히 해서 '인 서울' 대학에 들어가는 것을 강요받고, 서울에서 안정적인 직업을 갖는 것이 성공적인 삶이라는 분위기 속에서 자신의 미래를 설계한다. 단순히 직업 선택, 일자리 수요 때문에 수도권으로 떠나는 것도 아니다. 공무원이 선망받는 직종 중 하나인데 그렇다면 공무원의 도시라고 하는 춘천은 공시생들이 몰려들어 행복한 고민에 빠져야 한다. 그러나 공시생들이 몰리기는커녕 지난 5년간 춘천시 젊은 공무원들의 의원면직[12]이 계속되고 있다는 뉴스가 보도되고 있다.

젊어서는 모름지기 큰물에서 놀아야 한다는 말을 관용적으로 사용하고 지방에 남는 것을 은연중에 얕보는 사회에서 청년들의 지역 이탈 현상을 또 다른 사회적 문제로 지적하는 것은 참으로 모순이다. 아무것도 안 하고 숨만 쉬어도 서울 공기를 마셔야 트렌드에 뒤처지지 않을 것 같은 느낌이 든다는 시대를 겪어내고 있다.

이런 상황에서 누구 못지않게 서울을 갈망했고 경험도 해본, 그리고 1991년생 여전히 청년인 은주 씨가 고향 춘천으로 돌아와 창업을 하고, 춘천이 어떤 성격의 도시인지 이야기하는 데에 상당한 신뢰가 갔다. 더불어 그는 어떻게 돌아올 수 있었을까, 무엇이 그를 돌아오게 했을까, 그 이유가 어쩌면 기로에 서 있는 것만 같은 이 도시에 힌트가 되어줄지도 모르겠다는 생각이 들었다.

> 제가 대학 때 몸이 좀 아파서 수술을 하게 됐는데 그때
> 몸도 회복해야 했지만 심적으로도 안정이 필요하다는
> 생각이 들었어요. 그때 딱 춘천으로 가야겠다는 생각이
> 들더라고요. 바로 자취방을 정리하고 내려왔어요. 제
> 고향이라서가 아니라 춘천에는 춘천만의 온도가 있어요.
> 춘천 사람이라면 공감할 텐데, 타지에 갔다가 춘천에 오면
> 마음이 확 편해져요. 그리고 무엇보다 가족이 있잖아요.

무척이나 개인적인 상황이고 이유인 것 같지만 그렇지

가 않다. 집값과 생활비 부담이 큰 지방 출신 청년들은 경제적 자립 측면에서 수도권의 청년들과 출발선부터가 다르다. 그런데 여기에 가족들과 떨어져 지내야 하는 상황은 정서적인 안정감 차원에서 결핍을 경험케 한다. 그야말로 이중고다.

대학에서 외식경영을 전공한 은주 씨는 학창 시절부터 막걸리를 아이템으로 창업을 생각했다. 자신이 좋아하는 주종이기도 했고, 우리 술이 참 매력적인데도 불구하고 와인이나 사케처럼 고급스럽게 취급받지 못하는 것이 안타깝기도 했다. 그는 춘천으로 돌아온 후 본격적으로 창업 자금을 모으면서 실무 경험도 쌓고자 요식업체에서 매니저로 일했다. 그러던 중에 청년창업 지원사업에 지원했고, 그 덕분에 예상했던 것보다 창업 시기가 빨라졌다.

2016년 10월 테이블 네 개가 전부인 육림고개의 빈 상가에서 시작한 꽃술래는 6년 만인 2022년 10월 효자동으로 확장 이전했다. 그는 꽃술래 브랜드가 춘천이기 때문에 더 잘 될 수 있었을 거라고 했다. 처음부터 대박을 기대하지는 않았다. 다만 자신만의 색깔을 분명히 나타낼 수 있다면 충분히 관심을 갖는 사람들이 있을 거라고 믿었다.

창업지원을 받았으니 좋게 말할 수 있는 것 아니냐, 자리 잡기 쉬웠던 것 아니냐고 할 수도 있겠다. 그러나 지원 사업이 성공을 보장하지는 않는다. 실제 춘천시에서 진행한 육림고개 청년몰 조성사업은 실패했다.[13] 은주 씨가 만든 꽃술래는 육림고개 청년몰 조성사업 전에 시행된 청년창업 지원사업에 선정되었고 그 가운데 드물게 잘된 사례다.

　다수의 지자체에서 청년창업 지원사업의 한 형태로 청년몰 조성사업을 진행하고 있다. 대개 사람들의 발길이 끊긴 상점가의 빈 점포를 일정 기간 임대해주고 그 밖에 창업에 필요한 교육을 제공하는 형식이다. 그런데 그 성과를 청년몰이 얼마나 활성화되었는지의 정도로 판단한다. 너무도 편협하고 조급한 성과주의다. 죽은 상권을 살려내려면 '장사의 신'을 불러와야지, 자기 기반도 경험도 부족한 청년들에게 왜 그 짐을 지우려 하는 걸까? 더불어 청년창업 지원사업은 실패라는 위험부담까지 포함해서 설계해야 하고, 그 실패를 어떻게 자기 성장의 동력으로 전환할 것인지에 대한 고민까지 담는 사업이어야 한다. 과연 지금까지의 청년몰 사업이 청년들에게 제대로 된 기회였나 싶은 생각이 든다. 일부 청년상인에 대한 비판도 있는데 그 역시 선정 시 옥석을 가려내지 못했거나 선정 이후 제대로 관리하

지원사업이 성공을 보장하지는 않는다.

지 못한 데 책임을 돌리고 싶다.

석사동에 자전거로 서로를 이어주는 공간[14]을 창업한 선우 씨도 춘천에서 나고 자랐지만 20대를 통으로 서울에서 보내고 서른 즈음 춘천으로 돌아와 자기만의 개성이 묻어나는 일을 찾은 경우다. 선우 씨의 경우 청년창업 지원사업은 처음부터 관심 밖이었다고 했다. 스스로 돌파하는 것이 지속가능성 측면에서 더 나을 거라고 판단했다. 선우 씨는 줄곧 춘천이 보수적이고, 멈춰 있는 것만 같고, 꽤 지루한 곳이라고 생각했다. 여느 또래들이 그러했던 것처럼 서울을 향한 막연한 동경도 있었다고 고백한다. 다시 춘천으로 돌아온 것은 사실 좀 지쳐 있었기 때문인데, 그 후 이런저런 경험을 하고 사람들을 만나면서 춘천이라는 공간을 새롭게 인식하게 되었고, 자신이 할 수 있는 것을 찾게 되었다. 이제는 자전거를 기반으로 춘천이 더 살기 좋은 환경이 될 수 있는 방법을 고민하게 되었고 말이다.

은주 씨가 창업한 전통주 전문점 꽃술래, 선우 씨가 창업한 자전거 카페 차원 모두 개성이 강하다. 언뜻 서울이면 몰라도 지방에서 성공할 가능성이 높은 아이템이라고 보기 어렵다. 그럼에도 두 사람이 탄탄하게 자기만의 브랜드를 확장해나가고 있는 것은 은주 씨가 말한 것처럼 춘천이기 때문은 아닐까, 선우 씨가 말한 것처럼 서울에서 살아본 경험을 더해 지역사회를 바라보는 시선이 달라졌기 때문은 아닐까 생각하게 된다. 그렇다면 지역 청년을 대상으로 한 춘천시의 전략은 '오케이, 얼마든 서울로 가라, 가서 양껏 경험하라, 그리고 언제고 다시 내려오라, 두 팔 벌려 환영하리라'라고 하는 것이 더 효과적일지도 모를 일이다.

춘천 ALL이 보여주는 희망들

불안정한 직업 환경에서도 힘을 모아 보다 안정적으로 춘천에서 일할 수 있는 기반을 다져가는 사람들도 있다. 마임축제와 인형극제 등 춘천의 크고 작은 공연예술 현장에서 인연을 맺은 동료이자 업계에서 능력을 인정받아 활발하게 활동하는 무대감독 강상민, 기술감독 민경욱, 조명감독 남궁진 등 베테랑 스태프들이 모여 2020년 공연예술 전문 스태프협동조합 ALL(이하, ALL)을 결성했다.

공연예술 분야에서 일하는 전문 스태프들은 작품 단위, 프리랜서 형태로 일하는 경우가 보통이에요.[15] 자기 PR을 통해 일을 찾아야 하는데 쉬운 일이 아니죠. 일을 하면서도 혼자서 결과를 책임지고 헤쳐나가야 하는 상황들이 많고요. 또 당장에는 일이 있다 해도, 예를 들어 4대 보험에 가입되지 못해서 결혼을 한다거나 집을 마련해야 한다거나 인생에서 어떤 중요한 시기에 대출을 받기 어려운 현실적인 문제도 있죠. 결국 혼자서 버티지 못하고 지역을 떠나거나 아예 업계를 떠나는 친구들을 많이 보게 됐어요. 그래서 지역을 떠나지 않고 춘천에서 함께 좀 더 안정적으로 일할 수 있는 방법이 없을까, 사회적으로 보장 또는 지원을 받을 수 있는 방법이 없을까 고민하게 된 것이죠.

ALL은 구성원들을 중심으로 공연예술 전문 스태프들 간의 네트워크를 활성화해 보다 안정적인 일자리 환경을 마련해가는 동시에, 현장에서 쌓은 노하우를 바탕으로 스태프 역량을 강화하고 새로운 인력을 양성하는 교육사업을 진행하고 있다.

강상민 대표는 여러 사람이 모여 조직의 형태를 갖추자 할 수 있는 일도 많아졌다고 말한다. 가령 혼자일 때는 한 달에 3~4개의 공연을 소화할 수 있는 반면 협업을 하면 한 달에 15~20개 작품을 할 수 있다. 혼자일 때는 공연 기간 내내 현장을 지켜야 하지만 협업을 하면 누군가의 빈자리를 동료들이 대신할 수 있기 때문이다. 무대·음향·조명 등의 전문 분야는 일의 특성상 기획·설계와 현장 운영을 기능적으로 분리하여 진행할 수 있다. 현재 ALL은 춘천을 포함한 강원권뿐만 아니라 전국구로 움직이며 연간 60개 이상의 작품을 소화한다. 공연 횟수로는 150회 이상이다.

교육사업은 공연계 비수기라 할 수 있는 1~2월에 집중적으로 진행한다. ALL이 조직된 2020년부터 춘천문화재단과 공동으로 운영하고 있는 '아카데미 막'[16]이 대표적이다.

춘천의 경우 마임축제와 인형극제가 기반이 되어 양적으로나 질적으로나 상당한 수준의 공연예술 시장이 형성되어 있어요. 그런데도 지역에 전문 지식과 기술을 배울 수 있는 교육과정이 부족해 청년들이 결국 서울로 가야 하는 상황이죠. 기존 종사자들의 경우에도 지속적으로 역량을 강화해야 할 필요가 있는데 마땅한 자리가 없고요. ALL을 결성할 때부터 스태프 교육을 중요하게 생각하고 준비를 했는데 마침 문화도시 사업을 추진하고 있는 춘천문화재단에서도 춘천이 공연예술

색다른 것도 기꺼이 받아들이는
춘천 사람들 특유의 정서가
여러 축제가 뿌리내리는 원동력이 되지 않았을까.

분야에 특화된 지역인 만큼 전문인력 양성이 필요하다고 판단했고, 저희에게 함께 스태프 아카데미를 운영해보지 않겠느냐고 먼저 제안을 해주셨어요.

아카데미 막이 개설되자 공연예술 분야로 진로를 희망하는 대학생 또는 취업준비생들뿐만 아니라 현업에 종사하고 있는 스태프들까지 대거 신청했다. 2022년부터는 모집 대상을 전국 단위로 확대했다. 2023년에는 전체 수강생 109명 가운데 타지역 수강생이 53명에 달할 정도였다. 대학에서 전공을 하지 않는 한 수도권에서도 공연예술 스태프를 대상으로 한 전문적인 교육은 흔치 않다. 춘천에서 진행되는 아카데미 막에 전국에서 수강생이 모여든다는 것은 공연예술 분야의 전문성과 시장성 면에서 춘천이 여느 지역 못지않다는 것을 보여준다. 교육이 종료된 후에도 현장을 경험하고 일을 이어갈 수 있도록 소통을 한다. 그 과정을 통해 다수의 수료생이 취업을 하거나 프리랜서 스태프로 활동하고 있다. ALL에도 아카데미 막 수료생 세 명이 합류했다.

2023년 3월 ALL은 사회적기업으로 지정되어 최소 향후 5년간 안정적으로 활동할 수 있는 기반을 마련했다. 강상민 대표는 협동조합을 만들고 운영하는 것이 쉽지만은 않지만 주위에 적극적으로 권하고 있다. 힘들고 귀찮은 일이 많다고는 해도 지원받을 수 있는 여지가 있다면 그 정도 수고는 일도 아니다. 행정 업무에 익숙하지 않다면 그 일을 잘하는 사람을 찾으면 된다. 그렇게 되면 자연스럽게 고용도 창출된다. 옛말에 하늘은 스스로 돕는 자를 돕는다고 했다. 여건이 좋지 않은 것은 아쉽지만 그 탓만 한다면 그 어떤 것도 나아질 수 없다.

나는 어디에서 내 고유의 색깔을 드러내며 살아갈 수 있을까

일자리가 많지 않아 지역을 이탈하는 청년들이 많고, 다른 무엇보다 일자리 창출이 시급한 도시 과제인 춘천에서 자기만의 영역을 만들어가는 사람들을 보면서 자꾸만 춘천마임축제를 떠올렸다. 그간의 나는 이 축제에 그리 큰 호감을 못 느낀 사람 가운데 하나다. 익히 알려진 축제이지만 솔직히 춘천과 마임에 그다지 접점이 없어 보였다. 이 때문에 영국의 런던마임축제, 프랑스의 미모스 축제와 함께 세계 3대 마임축제로 꼽힌다고 하는 이 축제가 정말 그 정도로 대단한지 의심의 눈초리로 본 것이 사실이다.

춘천인형극제도 마찬가지다. 인형극 자체가 대중적으로 인기를 끄는 장르는 아니다. 또 꼭 춘천이 아니라도 될 축제이지 않나. 의외성 때문에 과대평가 받는 부분이 있을 거라고, 지역주민들과의 연결고리는 분명 크지 않을 거라고 추측했다. 그런 내게 춘천마임축제 강영규 총감독은 유쾌하게 자신의 의견을 말했다. "저는 왜 춘천에서 마임이냐는 접근보다, 마임이 춘천을 선택한 거라고 생각해요"라고 말이다.

마임(mime)은 그리스어 미모스(mimos)에서 나온 말로 '흉내내다'라는 뜻이다. 인간 내면의 흐름, 어떤 마음이라든지 감각까지 언어와 텍스트를 배제하고 몸짓으로만 표현하는 예술의 한 장르라고 정의할 수 있다. 그러니까 표현의 도구, 소통의 방식으로 어디에서든 무엇이든 몸짓으로 표현해내는 예술이 바로 마임이다. 춘천마임축제는 우연이었든 운명이었든 1989년 이곳 출신의 한 마임이스트가 주축이 되어 춘천에서 처음으로 열리게 됐고, 다행스럽게도 해를 거듭하며 지금까지 계속되고 있다.

왜 춘천에서 마임이냐는 질문은 애초에 무의미한 목소리였을지도 모르겠다. "내가 그의 이름을 불러주기 전에는 그는 다만 하나의 몸짓에 지나지 않았다"라는 시 구절처럼 결국 그 몸짓은 알아봐주는 존재가 있어야 의미를 찾는 법이다.

춘천이 참 재미있어요. 뭐랄까요 좀 이상한 것, 일상적이지 않은 것, 좀 묘한 정서들까지도 잘 이해하고 좋게 봐준다고 할까요. 지금처럼 유튜브 같은 채널이 성행하지 않았을 때 마임을 대중적으로 확산할 수 있는 무언가 재미있는 영상을 만들어보자고 해서 춘천의 도심에서 머리 감기 프로젝트를 했었어요. 횡단보도 앞에서 사람들이 신호를 기다리고 있는데 난데없이 머리에 물을 붓고 샴푸를 짜서 머리를 감으며 길을 건너간 거죠. 저희 딴에는 그런 퍼포먼스를 펼치면 사람들이 놀라고 신기해하면서 동영상도 찍고 공유하면서 화제가 될 거라고 기대를 했는데 춘천 분들은 "지금 마임축제 하니?" 하면서 그냥 다 아무렇지 않게 지나가는 거예요.
또 한번은 강원대 후문에서 문화의거리 행사를 하는데 상인분들이 축포를 잘못 터뜨려 종이테이프들이 전깃줄에 다 엉겨버렸어요. 저희가 그걸 떼어내려니까 너무 위험해서 전화국에 연락을 했고, 곧 사다리차가 왔어요.

길은 좁은데 사다리차는 워낙 크고 해서 전화국 전문
기술자들이 수거하는 동안 혹여 사고가 발생하지 않도록
저희 스태프들이 둘러싸서 안전거리를 확보하고 있는데
시민들이 그걸 보면서 또 그래요. "여기 마임축제 하나 봐."

시간이 흐르면서 춘천 내에서 마임이 익숙해진 부분도
있겠지만, 프랜차이즈보다 색깔 있는 가게를 선호하는 것
과 같은 맥락에서 '그래 내가 마임이 뭔지는 잘 몰라도 뭔
가 새롭고 재미있어 보이는데 어디 한번 구경해볼까나' 하
고 기꺼이 수용하는 이곳 사람들 특유의 정서가 춘천에 마
임축제가 뿌리내릴 수 있었던 하나의 원동력이 아닐까 하
는 생각이 들었다면, 너무 과한 걸까?

물론 한국의 대다수 지역축제가 관 주도로 공공 예산
이 투입되어 열리는 환경에서 소규모 민간단체에서 주관
하는 마임축제가 30년이 넘게 지속될 수 있었던 데에는 축
제에 직간접적으로 연결되어 있는 이해관계자들의 부단
한 노력이 있었을 것이다. 그러나 지역사회 주민들의 이해
와 관심, 성원이 없었다면 이토록 오래 지속되기는 어렵지
않았을까 싶다. 그런 면에서 색다른 것을 모난 것으로 보지
않고 기꺼이 끌어안는 춘천의 정서가 오늘의 마임축제를

있게 한 것은 아닐까 하는 생각이 계속해서 맴돈다.

최상의 환경을 갖춘 지역이 있고 내가 그곳에서 살 수 있다면 더 바랄 것이 없겠지만 현실은 그리 녹록지가 않다. 춘천을 오가며 지역을 보는 시선이 조금씩 달라지는 것을 느낀다. 현재 얼마나 좋은 여건을 갖추고 있는 곳인가를 가늠하기보다 얼마나 여지가 있는 곳인지를 좀 더 깊이 들여다보게 되는 것 같달까. 그러고는 스스로에게 묻게 된다. 나는 어디에서 내 고유의 색깔을 드러내며 살아갈 수 있을까 하고 말이다.

새벽시장의 도시

우리가 시장에 가는 이유는 단지 생필품을 사기 위해서가
아니다. 진짜 재미는 딴 데 있다.

어렸을 적부터 엄마가 슈퍼 심부름을 시키면 귀찮아 어기적거리면서도, 같이 시장에 가자고 하면 바로 일어나 옷을 갈아입곤 했다. 작은 면소재지에서 유년 시절을 보낸 영향일까. 초등학교 6학년에 올라가며 대구의 신도시 아파트 단지로 이사를 가기 전까지 나는 경상북도 의성군에 소재한 면소재지에서 자랐다. 시골마을 치고는 꽤 번화한 동네긴 했다. 오일장과 함께 우시장도 섰으니까. 이는 장이 서는 날을 제외하고는 이렇다 할 구경거리가 없는 환경이었단 이야기이기도 하다. 논두렁을 지나 집과 학교를 오갔던 날들이다.

장이 크다 해도 5일에 한 번꼴로 보면 익숙해지기 마련이다. 그렇다고 어린애가 시장에서 마땅히 살 게 있었을리가. 노점에서 바로 반죽해 튀겨내는 '찹쌀도나스'만큼은 엄마가 혹여 그냥 지나칠까 조마조마하긴 했지만 진짜 재미는 딴 데 있었다.

"하이고, 보래이. 여 딸내미가? 옴마야, 어마씨를 쏙 빼다박았네. 그래도 딸내미 인물이 훨씨룩 낫대이. 잘 키왔네, 잘 키왔어. 낸주 미스코리아 해삐라."
"미스코리아는 무신. 얼굴 팔리는 게 뭐 조타꼬. 보이

똑소리나게 생겼구마. 내 말이 맞제? 니는 꼭 서울대
가래이."
"미스코리아고 서울대고 간에 엄마 따라 장에 오는 거
함 봐봐라. 벌씨로 아 심성이 딱 됐다 아이가. 아이고
착하대이."

그래, 이 맛이야. 장날 어르신들의 목소리가 아직까지
생생히 귓가에 맴돈다. 엄마 팔짱 끼고 시장에 가면 어김없
이 이런 칭찬이 쏟아졌으니 내 어찌 시장을 아니 좋아할 수
있었겠나. 시장 상인들이 내가 정말 예쁘고, 똑똑하고, 착
해서 칭찬을 했을라고. 그렇게 자라라는 덕담의 말이자 노
련한 장사 수완이었을 거다. 딸 칭찬해주는데 어깨 으쓱하
지 않을 엄마가 어디 있겠어. 그냥 지나가려다가도 한 번
더 들여다보게 되고, 그러다 단골이 되고 그런 거지.

"춘천에는 시장이 참 많네요."

전국 방방곡곡에 여전히 많은 장이 서지만 예전만큼 흥겹
거나 정겹지도, 영향력이 어마어마하지도 않은 것이 사실
이다. 전통시장을 살려야 한다는 목소리가 나오기 시작한

건 어제오늘 일이 아니다. 시장이 영 힘을 못 쓰게 된 원인으로 첫손에 꼽히는 것은 대형 할인매장의 출현이다. 그전에도 백화점과 편의점 등 전통시장이 견제하는 대상은 있었다. 그러나 우루과이라운드 협상에 따라 1996년부터 유통시장이 완전히 개방되면서 그 전후로 국내외 유통 업체들이 치열한 경쟁을 시작했고, 서로 유리한 고지를 선점하고자 몸집을 불리는 과정에서 출현하게 된 대형 할인매장만큼 위협적이지는 않았다.

국내 첫 대형 할인매장은 1993년 11월 서울 창동에서 문을 연 이마트다. 이후 하나둘 늘어갔고 전통시장을 포함한 지역 상권이 위축될 거란 우려는 현실이 됐다. 이내 전통시장 활성화 대책이 논의되고, 시설 현대화, 상품 개발, 판로 개척 등에 공적 자원이 투입되기 시작했다. 그 결과 상당수의 상설시장이 아케이드 지붕과 공중화장실, 주차장 등을 갖춘 현대식 시설로 탈바꿈했고 그 작업은 지금도 진행 중이다. 오일장의 경우에도 상설점포 구역이 마련되는 추세이고, 장날에는 노점이 추가되는 식이다. 시장 상인이나 손님이나 보다 쾌적한 환경에서 물건을 사고팔 수 있게 된 것은 반가운 일이지만, 공적 자원을 바탕으로 한 환경 개선이 거대 자본력을 투입하는 대형 할인매장을 앞지를 수는 없는 노릇이다.

그런데 여기서 잠깐, 한국인의 해외여행 문화에는 시장과 관련한 재미있는 지점이 있다. 방콕 여행자는 짜뚜짝 시장, 런던 여행자는 포토벨로 마켓… 배낭여행이든 패키지이든 나라 밖으로 떠난 여행자들은 어느 지역에서든 현지의 생활문화를 가장 가까이에서 경험할 수 있는 대상으로 기꺼이 시장을 마주하더라는 점이다. 한국인들이 다른 사회권의 문화와 새로운 생활양식을 적극적으로 받아들이고 소비하면서 우리 것에 대한 관심이 줄고 상대적으로 우리 것을 낮게 평가하는 태도가 생겨난 것도 사실이지만, 각 지역의 생활문화가 집약된 장소로서의 시장의 가치를 우리 누구나가 익히 알고 있다는 것 또한 분명하다.

클릭 몇 번이면 집 근처 대형 할인매장뿐만 아니라 지구 반대편에서도 온갖 것이 집으로 배송되는 시대라 해도 시장에 가서 직접 보고 골라 장바구니에 담아 와야 마음 놓이는 것들이 있고, 뭐 꼭 살 게 없어도 '시장 한 바퀴 돌고 와야겠다' 하고 불쑥 다녀오기도 하는 이가 나뿐은 아닐 거다.

나는 특히나 낯선 지역에 갈 때면 일순위로 시장을 확인한다. 그 지역을 빠르게 파악하는 것은 물론 지역 속으로 빠르게 흡수되는 데 시장만큼 좋은 곳은 없다고 믿기 때문이다. 그런 내게 춘천은 단숨에 친근감을 느낄 수밖에 없는 도시다.

춘천시 면적은 1,116.4km^2로 605km^2 남짓인 서울의 두 배가량 되는데 여느 도농복합도시처럼 시내동지구[1]에 도시 기능과 인구가 밀집되어 있다. 참고로 춘천의 한가운데 위치한 시내동지구의 면적은 약 53km^2. 이 중에서도 행정·교육·금융·상업 기능은 1km^2 남짓 명동 일대의 원도심에 집중되어 있다. 이는 반나절이면 춘천 도심을 걸어서 충분히 둘러볼 수 있다는 걸 의미한다. 내게 춘천이 친근하게 느껴졌던 것은 경춘선 ITX 열차를 타고 남춘천역에 내려서부터 시장을 마주한 데다, 반나절 춘천 도심을 걷고 춘천역에 닿기까지 중앙시장, 제일종합시장, 동부시장, 서부시장 등 무려 다섯 곳의 시장을 통과한 영향이 크다.

시장 주전부리 가운데 메밀전병 비율이 높은 것을 보면 확실히 강원도는 강원도다. 한두 번은 지나쳐도 몇 시간 걷다 보면 출출해져서 결국 유혹을 이기지 못하고 자리를 잡게 된다. 그날도 막 부쳐낸 메밀전병을 입에 오물오물하고 있는데 주인 이모가 먼저 말을 걸어왔다. "혼자 왔어?" 마음이 참 뭉근해지는 순간이다. 시장통에서 혼자 요기하는 것이 행여나 쑥스러울까 외로울까 싶어 말동무가 돼주려는 저쪽의 마음이 느껴지니까. 한편 이쪽에서는 내심 기다렸던 순간이기도 하다. 궁금한 걸 양껏 물어봐도 되겠구나 싶은 '그린 라이트'의 순간이니까. "네, 혼자 왔어요. 근데 이모님, 춘천에는 시장이 참 많네요." 그 뒤론 내가 더 물을 것도 없이 자부심 반, 한탄 반 비율의 이야기가 이어졌다.

예전 같진 않지만 사라지진 않을 거야
－ 애막골 새벽시장 －

춘천 사람들 말이, 춘천에는 '있지만 없고 없지만 있는' 신기루 같은 시장이 있다고 했다. 말장난이 아니다. 춘천 사람이라면 다 안다고 할 만큼 유명하기도 하고, 애정도도 높은 시장이라는데 관련 기관이나 춘천시청 누리집에서 제공하고 있는 전통시장 현황은 물론 지도에서도 그 시장은 찾아볼 수 없었다. 애막골 새벽시장 이야기다.

　애막골 새벽시장의 시작은 단출했다. 2001년경 후평동과 석사동 경계의 애막골 산책로를 이용하는 아파트 주민들을 대상으로 할머니 몇 분이 장사를 시작했는데 장사가 제법 된다는 소문에 노점상들이 빠르게 늘어 전통시장 격으로 자리매김했다는 것이 정설이다. 새벽운동 마치고 출출해진 김에 그 자리에서 아침을 해결하거나 포장해 가는 손님들과 찬거리를 장만하려는 손님들이 많다고 한다. 원래 소문난 잔치에 먹을 것 없다고 '볼거리, 먹을거리, 즐길거리 많다'라며 대대적으로 홍보하는 관광형 시장에 별 흥미를 느끼지 못하는 나는 춘천 사람들만 안다는, 비공식적이지만 공공연한 이 시장에 구미가 확 당겼다.

가는 날이 장날이다. 날을 골라도 한참 잘못 고르긴 했다. 하필이면 한겨울, 그것도 눈발이 풀풀 흩날리는 날이라니. 다행히 애막골 새벽시장에서 가장 명물이라는 뽕잎김밥 노점은 오전 6시경 판을 깔기 시작했다.

아가씨가 오늘 장사 열어줄라고? 뽕잎김밥이 건강에 좋아. 이 할머니가 오디 잎, 그러니까 뽕잎을 잘 말려다가 갈아서 밥할 때 넣어 짓거든. 이 뽕잎이 성인병 예방에 그렇게 좋다잖아. 그래서 여기 운동 나온 아저씨들도 많이 찾아. 몇 줄? 세 줄?

성인병 예방에 좋은 뽕잎 가루가 첨가된 건강식 김밥

한 줄이 단돈 2천 원에 불과한 데다 마수걸이인데 차마 한 줄을 주문할 수가 있어야지. 김밥 두 줄을 주문하고는 할머니가 김밥을 마는 동안, 새벽시장 소문을 듣고 왔는데 분위기가 영 시원찮은 것이 너무 일찍 와버렸는지 여쭙는다.

이 할머니가 여기서 22년 됐거든. 내가 참 그렇게 오래된 사람이야. 나야 매일같이 장사를 하지만 오늘같이 눈 오고 궂은 날씨에는 야채 팔고 하는 이들은 잘 안 나와. 나와도 늦게 나오려나. 겨울엔 특히 더 그래. 시장 구경 하려거든 주말에 와. 이제 곧 날도 풀린다니까 주말이 좋지.

손님이 없을 게 분명한 날에 굳이 장사를 할 이유가 없기도 하겠다. 그렇다면 뽕잎김밥 할머니 말씀처럼 날 풀린 주말에는 어떨까. 옛 오일장 분위기가 물씬한 노점이 3백여 미터 줄을 선다. 옷가지나 주방용품 등 공산품을 판매하는 노점이 군데군데 끼어 있지만 1차 농산물과 먹을거리 비중이 절대적이다. 천막이나 파라솔 아래 좌판을 펼쳤다 걷는 옛 저잣거리 분위기가 물씬하다.

애막골 새벽시장에 대해 좀 더 알고 싶은데… 상인들은 장사에 여념이 없기도 했지만 매일같이 좌판을 펼쳤다

"아가씨가 오늘 장사 열어줄라고?
뽕잎김밥이 건강에 좋아. 이 할머니가 오디 잎, 그러니까
뽕잎을 잘 말려다가 갈아서 밥할 때 넣어 짓거든."

접어야 하는 시장이라 하루 장사를 마무리한 후에도 여유 있게 앉아 이야기를 나눌 형편이 못 됐다. 마침 애막골 새벽시장에서 일한 적이 있다는 이효성 씨가 지역신문 『춘천 사람들』에 기고한 칼럼을 보게 되어, 일면식도 없는 그에게 새벽시장 이야기를 좀 듣고 싶다고 연락을 취했다.

> 춘천으로 이주하고 약속된 직장에 출근하기 전까지 얼마간 여유 기간이 있었어요. 가장이니까 마냥 기다리긴 그렇고 뭐라도 일을 해야겠다 싶어서 아르바이트를 찾은 곳이 애막골 새벽시장이었죠. 처음부터 딱 세 달이라고 일하는 기간을 협의하고 일을 시작했어요. 제가 일했던 곳은 과일상인데 천막을 네 동이나 쳤으니 규모가 꽤 컸죠. 할아버지께서 상인회 회장도 하셨다니 터줏대감 격이라고 해야 할까요. 짧게 일했지만 그 덕에 이런저런 시장 이야기들을 들을 수 있었어요.

실제 애막골 새벽시장에서 아르바이트를 고용하는 노점은 많지 않다. 과일상의 경우 노부부가 장사를 했는데 할아버지 허리가 안 좋아지면서 좌판을 설치하고 철수하는 일은 부득이 손을 빌려야 하는 상황이 됐다.

원칙적으로 도로 점용 허가를 받지 않고 상행위를 하는 노점은 불법이다. 그런데 개별 노점이라도 그게 한 덩어리의 시장으로 인식되면 우리 정서상 그걸 불법이라 생각지는 않는다. 시장은 원래 그렇게 형성되는 것이었으니까.[2] 특히나 춘천 시민들이 애용하는 애막골 새벽시장의 경우 선거철이면 정치인들이 어김없이 찾아와 민심을 살피는 곳이기도 하다. 그 결과 참 아이러니한 상황이 펼쳐진다. 오전에 한해서만 영업을 허용하고 이후 시간대에는 노점상을 단속하는 것이다. 그러니 매일 똑같은 자리에서 장사를 하는데 천막과 좌판을 펴고 접는 일을 매일 반복할 수밖에 없다.

새벽 4시 30분쯤 나가서 천막을 치고 좌판을 까는데, 보통 두 시간 반쯤 걸려요. 보통 힘든 일이 아니더라고요.

당시 막 춘천으로 이주한 이효성 씨에게 왕복 4차선 도로 한쪽으로 노점 천막이 끝도 없이 이어지는 애막골 새벽시장은 놀랍기도 하고 당황스럽기도 한 풍경이었다. 근처에 대형 할인매장이 있는데도 특히나 주말이면 일대 교통이 마비되는 수준으로 시장을 오가는 사람들의 발길이 많았기 때문이다.

제가 2019년 11월부터 이듬해 1월까지 일을 했는데 그때도 평일에는 장사가 좀 덜 되는 날이 많아서 3~4일치 일당을 몰아서 받기도 했어요. 할아버지 말씀이 그 얼마 전까지만 해도 평일이고 주말이고 큰 차이 없이 장사가 잘됐다는데 어느 순간 편차가 생겼다고 해요. 그러다 보니 예전에는 4~5시부터 준비를 해서 6~7시에 장사를 시작했다면 이젠 8시나 돼야 시작하는 거죠.

상인회가 결성되어 있지만 구속력이 있는 조직은 아니다. 장사하는 자리라든지 주차 문제라든지 최소한의 시장 질서를 유지하기 위한 연락망 정도로 보는 것이 맞겠다. 그럼 앞으로 애막골 새벽시장은 어떻게 될까. 상가 점포 없이 대로변 인도에 형성되어 있으니 법률에 근거한 전통시장 으로 인정받기는 현실적으로 어렵다.

애막골 새벽시장도 예전 같지는 않다지만 사라지지는 않을 거라고 생각해요. 손님이든 상인이든 춘천 사람들에게는 이 새벽시장에 대한 기억이 분명히 있는 것 같거든요.

지역의 역사고 문화인 거죠. 한편 춘천은 서울의 두 배가 될
만큼 땅덩이는 넓은데 아주 작은 분지에 도심이 형성되어
있고, 도심에서 조금만 벗어나면 대부분이 농촌이고
산촌이잖아요. 인구 변동이 크지 않은 가운데 오랫동안
상수원보호구역으로 묶여 개발이 제한되었으니까 기업
유치도 안 되고 안정적으로 먹고살 거리가 적어요. 이런
도농복합도시라는 환경 속에서 자연스럽게 춘천을 비롯해
영서 지역까지는 어떤 공동체 의식이 형성된 것 같아요.
지역 사람들이 생산한 먹을거리를 믿고 소비하는 거죠.
그런 측면에서 저는 이 새벽시장이 계속 유지될 것 같아요.

물물교환이라고 하면 옛날 이야기 같지만
― 춘천 풍물시장 ―

최근 애막골 새벽시장은 직접 농사짓거나 산이나 들에서
채취한 농산물의 비중은 줄고 물건을 떼어다 팔거나 주전
부리를 파는 전문 상인 비중이 늘고 있다는데, 그 이야길
듣고 난 후 재미난 걸 보았다. 남춘천역 인근에서 2, 7일마
다 열리는 오일장인 풍물시장에 갔다가 '이곳에서 새벽시
장이 열립니다' 현수막을 보게 된 거다. 오일장이 서는 날

만약 춘천을 거닐며 은연중에
친근감을 진득하니 느끼게 된다면
그것은 바로 '시장' 덕택이다.

아침, 풍물시장 상인회 문을 열고 들어갔다. 약속 없이 문을 열었는데도 상인회장 임병철 씨는 "커피 한잔 드세요" 하며 자리를 안내한다. 그가 속사포처럼 쏟아낸 풍물시장 이야기에 모닝커피가 식는 줄도 모르고 빠져들고 말았다.

춘천 풍물시장은 여느 오일장처럼 자연발생적으로 형성된 시장이 아니다. 1988년 서울올림픽을 준비하던 시기 서울뿐만 아니라 전국 주요 도시에서 질서와 미관을 해친다고 여겨진 노점상을 철거하는 도시정비 사업이 일제히 진행됐다. 춘천에도 명동을 중심으로 도심 곳곳에 노점이 성행했으니 1989년 그 노점들을 도심 변두리 약사동 일대로 집단 이주시켰다. 이것이 풍물시장의 시작이다. 자리를 잡는 데에는 꽤 시간이 걸렸다. 그런데 시 당국이 옛 도심 하천인 약사천을 복원하기로 결정하면서 풍물시장에 다시 한번 위기가 닥쳤다. 복원 사업의 대상지가 당시 풍물시장 자리였던 것이다. 우여곡절 끝에 춘천시가 온의사거리에서 호반교 사이 고가로 설치된 경춘선 복선전철 하부에 143개 점포, 관리사무실, 화장실, 주차장을 갖춘 구역을 조성하여 2010년 11월 풍물시장은 또 한 번 집단 이주를 하게 됐다.

이 풍물시장에서 2014년 8월부터 새벽에도 시장이 열리기 시작했다. 상설로 열려도 무방한 시장 공간이 마련되어 있는데 오일장이 열리는 날에만 운영하는 것은 아까운 일이다. 그 자리를 지역의 소규모 농가에 내어주면 시장도 활성화되고, 지역 농가에서도 새로운 판로를 찾으니 좋잖은가. 특히 풍물시장 인근 온의동 일대는 아파트 밀집 지역으로 반경 2km 이내에 5만여 명이 산다. 새벽시장은 주민들 입장에서도 신선한 지역 농산물을 보다 저렴하게 제공받을 수 있는 기회이니 반기지 않을까 하는 마음도 있었다.

봄부터 가을까지 오일장이 열리는 날을 제외하고 매일같이 새벽 5시부터 지역 농가에서 직접 농사지은 것들을 가지고 와서 판매하는 직거래 장터가 열립니다. 겨울엔 농산물 나오는 것이 많지 않으니 새벽시장도 쉴 수밖에 없고요. 여름에 많을 때는 백여 농가가 넘게 나오기도 하죠. 평균적으로는 20~30개 농가가 늘 나오고, 날씨나 계절에 따라 편차가 좀 있습니다.

이야기를 듣고 나니 초기 애막골 새벽시장의 분위기와 겹쳐진다. 이어 애막골 새벽시장의 농민 비율이 줄어드는 것은 이곳 풍물시장에 새벽시장이라는 또 다른 판이 형성된 영향도 있을 거란 추측이 더욱 확신으로 바뀐다. 주차장과 화장실 등 편의시설이 잘 갖추어진 풍물시장이 도로변 애막골 새벽시장보다 훨씬 쾌적한 환경인 것은 틀림없다. 실제 애막골 새벽시장에서 풍물시장으로 넘어온 농가가 얼마나 되는지는 알 수 없다. 분명한 것은 여전히 장소가 어디든 춘천 도심에서는 새벽시장이 유지될 만큼 수요가 있다는 점이다.

또 이런 것도 있어요. 이 시장이 물물교환의 장소가 되는 거죠. 여기 새벽시장에 나오는 농가의 경우 자기가 팔 수 있는 것들을 가지고 나와서 번 돈으로 필요한 것을 사 가는 겁니다. 우리 오일장도 보면 주변 아파트 단지 분들도 있지만 시골에서 장보러 나오는 분들이 굉장히 많아요. 농사를 짓는다고 다 자급자족할 수는 없잖아요. 먹는 거야 그렇다 쳐도 일상생활에 필요한 것들이 있으니까. 물물교환이라고 하면 옛날이야기 같지만 여전히 유효한 거죠.

지금은 많이 사라졌지만 전국 곳곳에 번개시장이 펼쳐졌던 시절이 있다. 번개처럼 짧은 시간 반짝 나타났다가 사라지는 새벽시장을 각 지역에서 번개시장이라고 칭했다. 물자가 모이기 쉽고 유동인구가 많은 도심 기차역이나 나루터 인근이 이 같은 시장이 서기에 제격이었다.

춘천 번개시장은 1967년 의암댐 건설로 호수가 생기면서 호수 건너편 서면 일대 주민들이 새벽녘 배를 타고 건너와 옛 나루터 앞(오늘날 기준으로는 소양강 처녀동상과 소양2교 사이)에다 직접 재배한 농산물을 펼쳐놓고 판 것이 시초라고 한다. 일종의 농산물 직거래 장터였던 셈이다.

시골에서는 농사짓는 것이 젤 우선이니까 일을 하려면 그 전후로 볼일을 봐야 한다. 초기 번개시장이 새벽에 흥했던 것도 주로 농사를 지었던 서면 사람들이 새벽에 나룻배를 타고 나와서 농산물을 팔아야 아이들 학교 가기 전에 집으로 돌아가 아침을 챙겨주고 탈 없이 농사를 지을 수 있었기 때문이다. 이를 보면 도농복합도시인 춘천은 얼마간 새벽시장이 발달할 수밖에 없는 생활환경이라고 볼 수도 있겠다.

시장의 규모가 날로 커지면서 문제가 생기기도 했다. 나루터 앞은 캠프페이지 군 차량이 수시로 오가는 길이기도 했는데 군 차량과 좌판 사이에 사고가 잦았다. 그리하여 시장은 1981년 나루터에서 도보 5분여 거리에 있던 연탄 공장이 문을 닫게 되면서 개방된 공터로 자리를 옮겨 지금까지 유지되고 있다.

'아주 이른 새벽은 장사 준비 시간이고 오전 6~8시 사이가 가장 활기차다'는 이야기를 듣고는 이쪽저쪽 풍경을 다 보고자 5시를 겨냥해 시장으로 나섰다. 그런데 분명 춘천 번개시장 간판이 있고, 가게 안에도 불이 다 켜져 있는데 어쩐지 파장 분위기다.

예전에는 여기가 다 좌판이고, 시장 바깥으로도 난전이 쭉 이어졌는데 이제 그런 건 없어요. 1990년대까지만 해도 진짜 장사가 잘됐거든요. 이제 거의 도매 장사라고 봐야죠. 물건도 대부분 서울에서 가져오고 손님도 주민들보다는 화천이나 양구, 인제같이 가까운 군에서 물건 떼러 오는 사람들, 트럭에다 물건 싣고 시골로 돌면서 파는 사람들이지. 우리 집도 식당으로 나가거나 관공서에 납품하는 게 많아요. 시장이 많이 조용해졌죠.

번개시장에서만 40년 넘게 장사를 하고 있다는 한 상인의 이야기다. 초기에는 가게를 차려서 장사하는 전업 상인이나 여러 오일장을 돌아가며 장사하는 순회 상인은 드물었고 대부분의 장사꾼이 농민이었는데 연탄공장 앞 공터로 자리를 옮기고는 점포를 갖춘 전업 상인이 조금씩 늘기 시작했다. 또한 농민들도 직접 손님을 상대로 판매하기보다는 시장 내 점포와 거래하는 비중이 늘어갔다. 신선하고 저렴한 농산물이 거래되다 보니 시장을 찾는 손님도 주민들보다는 식당이나 소매상 등 큰손들이 많아졌다.

그러는 사이 춘천의 농업 환경도 달라졌다. 밭작물보다 원예·특용작물을 재배하는 농가가 많아졌고, 농산물 유통 체계도 바뀌어 대부분의 지역 농산물이 경매장, 농협 공판장, 계약 재배 등을 통해 지역 밖 더 큰 시장으로 유통·판매된다. 춘천에서 생산된 농산물도 춘천에서 바로 소비되는 것이 아니라 서울 가락농수산물 도매시장으로 갔다가 다시 춘천으로 돌아온다는 이야기다.

이곳 시장 상인은 그 자신이 경험했던 1980, 90년대 번개시장의 호시절이 다시 올 것 같지는 않다고 했다. 시대가 바뀌고 라이프스타일이 달라져서? 대형 할인매장이나 온라인 쇼핑이 더 편리해져서? 물론 그 영향도 있겠지만 이

시장의 호시절이 다시 올 수 있을까.
도시의 구조적 변화를 살펴보면 쉽지 않을 듯하다.

런저런 이야기를 듣고 보니 농업 환경이 변화하고 도심 구조가 재편된 영향을 간과할 수 없을 것 같았다.

시장 손님들 중에는 캠프페이지에 다니던 노동자층이 상당했는데 2005년 3월 기지가 폐쇄되면서 그 손님들이 다 빠져나갔다. 또한 퇴계동, 석사동, 후평동 등 도심 외곽으로 대단위 아파트 단지가 들어서 원도심 거주 인구가 대폭 줄었다. 장바구니 들고 찬거리를 사러 올 손님들이 사라진 것이다.

2016년부터는 봄·여름·가을 주말에 야시장이 열려요.
코로나 때문에 한 2년 못 열리다가 작년부터 다시
시작했는데 야시장이 열리는 날에는 분위기가 제법 나요.
예전 같은 새벽시장을 구경하려면 애막골 새벽시장으로
가는 게 더 나을 거예요.

춘천 번개시장이 새벽시장으로서의 기능을 완전히 상실한 것은 아니다. 상인의 말처럼 춘천 도심의 식당과 인접 지역 소매상에 농산물을 공급하는 중간도매시장으로 역할이 전환되었다는 점에서는 여전히 새벽시장으로서의 역할을 간과할 수 없겠다. 다만 2014년 상인연합회가 구성되고 정식 전통시장으로 등록된 이후에는 주말 야시장 운영에 보다 적극적으로 나서고 있다. 도시 구조와 생활 패턴의 변화에 발맞추어 가는 것이 시장 논리다.

새벽배송 없는 새벽시장의 도시, 춘천

그리 넓지 않은 춘천 도심에 크고 작은 새벽시장이 세 곳이나 유지되고 있는 것이 무척 인상적이다. 앞서 애막골 새벽시장에서 일했던 이효성 씨가 이야기한 것처럼, 시대가 바뀌고 환경이 바뀌었어도 춘천 사람들에게는 지역에서 생산된 농산물을 믿고 소비하는 생활문화가 내재되어 있는 것은 아닐까 하는 생각이 스친다. 그러니 원도심에서 도심 외곽으로 주거지역이 재편되면서 접근성이 떨어진 번개시장 대신 애막골 새벽시장과 풍물시장 같은 새로운 시장이 형성된 것 아닐까 하고 말이다. 춘천의 새벽시장은 어렴풋하게나마 춘천 사람들이 가지고 있을 공동체성의 바탕을 감지해볼 수 있게 했다. '의리'라기보다는 느슨하면서도 따뜻한 '연대의식'이랄까.

한편 춘천은 아직까지 쿠팡이나 마켓컬리 등 대형 유통 플랫폼의 새벽배송 서비스가 시행되지 않는다. 앞으로 춘천에 새벽배송 서비스가 시작된다면 이곳의 새벽시장에 어떤 변화가 일어날까 문득 궁금해지기도 한다. 새벽배송이 얼마나 달콤한 서비스인지 잘 알고 있지만 이용할 때마다 엄청난 포장재들 때문에 죄책감을 느끼게 되는 나로서는 춘천에 새벽배송 서비스가 아니 이루어지고 있다는 데에 묘한 감정이 든다. 언제고 서비스가 시작되더라도 어쩐지 춘천에서는 새벽배송 서비스가 맥을 못 추지 않을까, 아니 그랬으면 좋겠다 하는 마음 말이다. '새벽배송 없는 새벽시장의 도시, 춘천' 어떤가? 영 불편하겠다고 투덜거릴 사람도 있겠지만 활기차고 건강한 에너지가 느껴지지 않나?[3]

아이가 자란다

'여기 대체 뭐 하는 데야?
근데 나 지금 왜 이렇게 설레는 거지?'

입은 앙다물었지만 콧김과 함께 웃음이 새어 나올 때가 있다. 어디서 웃긴 장면을 봤다거나 문득 두고두고 추억거리로 곱씹을 만한 그 언젠가의 일이 떠올랐을 때, 집에서야 맘껏 웃어젖히겠지만 공공장소라면 꽤 난감해진다. '뭐야 저 사람, 이상해.' 실없는 사람처럼 보일 텐가, 입을 틀어막고 참아볼 텐가.

참아도 새어 나올 수밖에 없는 그 웃음은 '크그극' 정도가 되기 마련인데 그날의 웃음은 달랐다. 더욱이 도서관이었다. 그러나 '안 돼, 안 돼, 참아야 해' 같은 안간힘이라곤 조금도 느껴지지 않는, 천진하고도 싱그러운 웃음이었다. 소리 낸다고 눈치를 주는 사람도 없었다. 이쪽에서 누가 책에 코를 박고 웃을 때 저쪽 몇몇은 아예 바닥에 드러누워 책을 읽고 있었다. 그 속에 눈이 휘둥그레져 어정쩡하게 있는 사람은 나 하나였다. '여기 대체 뭐 하는 데야? 근데 나 지금 왜 이렇게 설레는 거지?'

우연이었다. 효자동 골목을 걷다가 좀 독특해 보이는 건물이 있어 가까이 갔더니 도서관이다. 이름부터 범상치가 않다. 담작은도서관. 담은 작은 게 아니라 아예 없었다. 얼른 검색해 어린이도서관이라는 정보를 얻었다. 다 큰 어른이, 그것도 외지인이 혼자 들어가긴 좀 그런가 싶어 발길을 돌리려는데 3층 창가에 책을 읽고 있는 나이 지긋한 어르신이 보였다. 문을 빼꼼히 열어 "저, 들어가도 되나요?" 하고 묻자 "그럼요." 경쾌한 답이 돌아왔다. 신발을 벗고 들어가는 도서관은 오랜만이었다. '어린이도서관이라 그런가?' 생각하며 들어가 마주한 것이 바로, 방금 이야기한 경쾌한 웃음과 세상 편한 자세가 어우러지는 낯설고도 아름다운 장면이었다.

아니, 왜 우리 동네에는 이런 도서관이 없는 거야

2000년대 초반 《느낌표》라는 예능 프로그램이 큰 인기였다. 요즘 예능은 출연진들에게 어떤 임무를 주고 해결해가는 상황을 고스란히 보여주는 '리얼 버라이어티' 성격이 강한데 당시에는 선한 영향력을 전파하는 공익성 예능이 대세였다. 《느낌표》의 한 코너였던 〈책책책 책을 읽읍시다!〉가 딱 그랬다. 건강한 독서 문화를 조성하자는 취지로 한 달에 한두 권 양서를 선정해 알리는 캠페인을 진행했는데 연예인과 유명 작가가 출연하여 재미를 더하는 형식이었다. 선정도서 외에 방송에 잠깐씩 언급되는 도서들까지 베스트셀러 순위에 오를 만큼 이 프로그램은 사회 전반에 책을 읽고 권하는 분위기를 조성했다. 특정 책이나 작가 밀어주기 등 출판시장이 왜곡된다는 우려와 부작용이 없지 않았지만 순기능이 더 많았다는 평가가 우세했는데 그 요인 중 하나가 전국에 '기적의도서관'이 세워진 것이었다. 기적의도서관이란 방송 제작진과 책읽는사회문화재단이 협력하여 도서관이 부족한 지역에 지은, 어린이 전용 자료실이 포함된 도서관이다. 방송 프로그램은 2004년에 폐지되었지만 기적의도서관은 지금까지 책읽는사회문화재단을 통해 계속 건립되고 있다.

전국에 기적의도서관이 막 세워지던 때에 춘천에서도 움직임이 일었다. 2005년 어린이·청소년을 위한 도서관 설립을 추진하는 도서문화재단 씨앗과 책읽는사회문화재단에서 춘천에 도서관 설립 의사를 밝혔고, 이를 계기로 춘천에서 출판·서점·도서관 등 책과 관련된 일을 하는 이들 간의 네트워크가 만들어졌다. 이내 춘천의 도서관 환경이 무척이나 열악하다는 것을 실감한 이들은 춘천어린이도서관 건립추진위원회를 꾸렸고, 3년여 준비 과정을 거쳐 2008년 10월 담작은도서관을 개관했다.

20년 전 즐겨 봤던 예능 프로그램과 낯선 도시에서 우연히 마주한 도서관이 이렇게 연결될 줄이야. 신기하고 기뻔 마음도 잠시, 그런데 왜 효자동이었을까? 효자동은 노인 인구 비율이 절대적으로 높은 원도심인데…

> 춘천의 원도심이 전체적으로 슬럼화되고 있는 상황이었죠.
> 그중에서도 효자동 상황이 그리 좋지 않았고요.
> 그러다 보니 도서관 부지를 논의할 때 춘천 내에서도
> 공공도서관의 지역적 안배를 고려해 상대적으로 소외된
> 지역에 마련해야 하지 않겠느냐는 쪽으로 의견이
> 모아졌어요.[1]

원도심 초등학교에 학생 수가 점점 줄고 있다지만 걸어서 10분 거리에 초등학교가 세 곳이나 되는 것도 효자동 골목에 도서관을 짓는 데 큰 영향을 미쳤다. 담작은도서관의 밑그림을 그린 이들은 도서관이 부모가 아이들을 학원에서 학원으로 '라이드'해주듯 성적 향상이나 자기계발을 위해 의무적으로, 반강제적으로 이용하는 곳이 아니라 아이들 스스로 마음이 내켜서 찾아올 수 있는 곳이기를 바랐다. 그러려면 무엇보다 걸어서 안전하게 오갈 수 있는 곳이어야 했다. 부모가 데려다줘야 하는 상황이라 해도 차도에서는 떨어져 있어 잠시라도 골목길을 걸어 들어올 수 있는

환경이 아이들에게도 정감을 주고, 그 아이들로 인해 고요한 원도심 골목에도 활기가 생기지 않을까 하는 기대가 있었다.

도서관 위치에만 신경을 썼을까. 건물의 설계와 시공에도 상당한 공을 들인 태가 난다. 담작은도서관은 연면적 $495\,m^2$, 평수로 계산하면 150평 정도다. 일반적인 국공립 도서관을 생각하면 아담한 규모이지만 공간 구성은 무척 입체적이다.

전체적으로 도서관 건물이 안마당의 회화나무를 둘러싸고 배치되어 있는데 안마당을 향한 건물 벽면으로 너르게 창을 내 동네 골목까지 두루 내다볼 수 있어 공간감이 훨씬 확장된다. 총 3층 규모의 건물 안에도 구석구석 매력적인 곳이 많다. 우선 공연·전시·강연 등 다양한 행사가 진행되는 다목적실과 영·유아열람실이 위치한 1층에서 2층 어린이열람실로 올라가는 계단이 맘에 쏙 들었다. 이동 통로로 기능하는 계단 한쪽 벽에 책이 빼곡하게 들어차 있어 서가로 이용할 수 있다. 2층 열람실 한쪽에는 밖에서 봤을 때 건물 밖으로 툭 튀어나오도록 삼면이 창문으로 된 다락방을 만들어 아이들이 아지트처럼 이용하게 하는가 하면 또 다른 한쪽 벽면은 중층 서가로 만들어 아이들이 한쪽 계단으로 올라갔다가 반대쪽 미끄럼틀을 타고 내려올 수 있도록 했다. '나도 저 미끄럼틀 타고 싶은데…' 참느라 혼이 났다.

3층에도 열람실 외에 창가 열람 공간인 햇살방과 외부 열람 공간인 하늘정원을 조성해 언제고 원하는 환경에서 책을 읽을 수 있도록 했다. 실내는 모두 바닥 난방을 해 추운 계절에도 열람실 여기저기 눕거나 기대어 책 읽는 모습이 자연스럽다. 이런 공간을 아이들만 좋아할 리가. 동네 어르신들의 발걸음도 심심찮다. 도서관에서 동네 어르신들을 초대해 아이들에게 옛이야기를 들려주는 세대 간 어울림 프로그램을 운영한 것이 좋은 계기가 됐다. 그러니 담작은도서관에서는 50살 이상 나이 차이가 나는 '도서관 친구'가 탄생하게 된다. '아니, 왜 우리 동네에는 이런 도서관이 없는 거야?' 괜히 심통이 날 만큼 참 사랑스러운 도서관이다.

아이들에게 책 읽기 좋은 환경을 제공하고 있는가

누군가 춘천은 옛 생각을 떠올리게 하는 도시라고 했다. 정말 그런 기운이 있는 걸까. 담작은도서관에 머무는 동안 나

실내는 모두 바닥 난방을 해 추운 계절에도
열람실 여기저기 눕거나 기대어 책 읽는 모습이 자연스럽다.
이런 공간을 아이들만 좋아할 리가.

는 내 어린 시절을 떠올렸다.

초등학교 5학년 때 독서왕 뽑기 대회가 열렸다. 수년째 집 한편 책장에서 먼지만 머금고 있던 전집을 꺼내 든 것도 그때였다. 그러고는 두어 달 만에 그 책들을 모조리 읽었다. 본래 책과는 거리가 멀었지만 뭐든 일등 자리를 놓치지 않고 싶어 한 아이의 성취욕이 불러온 결과다. 집에 더는 읽을 책이 없었다. 그렇다고 형편을 뻔히 아는데 책을 사달라고 조를 순 없었다. 친구들의 손에 들린, 낯선 제목의 책들을 볼 때마다 마음이 타들어갔다.

그때 나를 달래준 것은 도서관이었다. 내가 독서에 흥미를 잃기 전에 도서관이라는 대안을 찾을 수 있었던 것은 이제 와 생각해보면 정말로 행운이었다. 당시 도서관 책에는 책마다 뒤표지 안쪽에 도서대출 기록카드가 붙어 있었다. 전산 시스템이 갖춰지지 않은 시절의 이야기다. 내 새로운 기쁨은 아무도 빌려보지 않은 책을 찾아 대출 카드 첫 줄에 내 이름을 적는 것이었다. 더군다나 5학년 때까지 다닌 시골 학교의 도서관은 어린 시절 첫사랑의 추억을 그린 영화에 나올 법할 만큼 아름다웠다. 주기적으로 무릎 꿇고 앉아 왁스칠을 해야 했던 나무 바닥에 아무렇게나 드러누워 책을 읽던 기억이 생생하다. 그때야 몰랐지만 어른이 되어 정말 다행이란 생각이 드는 것은 그 시절 책에 대한 순수한 열망 같은 건 없었다고 해도 도서관에서 책을 고르고 읽으며 자유로운 기분을 느껴보았다는 점이다. 어린아이가 자유의지로 할 수 있는 일이 얼마나 될까를 생각하면 당시의 자유가 더욱 소중하게 느껴진다.

요즘도 나는 집 가까이의 도서관을 꽤 이용하는 편이다. 읽고 싶은 책을 다 사서 볼 수는 없으니 수시로 도서관을 찾는다. 도서관에도 없는 책은 희망도서신청 서비스를 이용해 볼 수 있다. 서울의 공공도서관들은 전산 시스템과 이용 서비스 체계가 잘 구축되어 있다. 특히 팬데믹 동안에는 도서관에 가지 않고도 지하철역에 설치된 기기를 통해 대출과 반납이 가능해 더없이 편리하게 이용했다. 그런데 참 이상하지. 이렇게 알뜰하게 이용하면서도 담작은도서관에서 느낀 것과 같은 감동을 느껴본 적은 없다.

보통 도서관은 차가운 느낌이 있잖아요. 조용히 해야 할 것만 같고요. 담작은도서관은 그러한 도서관의 틀을 깨준 곳이에요. 또 하나는 담작은도서관의 경우 도서관에서 일하는 분들과 이용자들이 대부분 서로 얼굴을 안다는 점을 눈여겨봐야 할 것 같아요. 어린이 이용률이 높은데, 도서관이 직접적으로 아이들을 돌봐주는 곳은 아니지만 도서관에서 아이를 알고, 눈으로 보고 있어주는 것만으로 부모들은 물론 아이들도 돌봄을 받고 있는 것 같은 안정감을 갖게 돼요. 그러니 자연스럽게 도서관을 중심으로 다양한 관계들이 형성되고요. 되게 인간적인 도서관인 거죠.

담작은도서관을 '인간적인 도서관'이라고 비유한 춘천여성협동조합 마더센터 이선미 이사장의 표현이 인상적이다. 책 읽기의 이로움이야 모르는 이가 있을라고. 그런데 독서 습관을 들이는 것은 말처럼 쉬운 일이 아니다. 이 이사장의 말을 듣고는 우리 사회가 아이들에게 책을 많이 읽어야 한다고 강조하기 전에 얼마나 책 읽기 좋은 환경을 제공하고 있는지 생각해보게 된다.

2013년 이후 개정된 '주택건설기준 등에 관한 규정'에 따라 500세대 이상의 공동주택단지에는 '작은도서관'을 건립하는 것이 의무다. 작은도서관은 '주민의 참여와 자치를 기반으로 운영되는 공공도서관'을 가리킨다. '이런 규정이 있다니 얼마나 좋아' 싶었는데 아직까지 운영·관리에 대한 세부 규정은 없어, 전국적으로 보면 구색은 갖춰놓았지만 방치되거나 커뮤니티 공간으로 활용하는 경우가 많다고 한다. 그나마 마을의 모임 공간으로 역할하는 것은 좋은 일이지만 그 기능에만 그친다면 아쉬운 일이다. 주민 수로만 보면 아파트 한 동이 하나의 마을이라 해도 과하지 않은데… 어쩌면 우리가 관계를 형성하고 유대를 쌓는 데에 시간이 더 필요할지도 모르겠다. 모두가 낯선 환경에 새로이 정착해야 하는 신도시의 아파트일수록 더욱 그러하다. 아직까진 좀 더 지켜볼 필요가 있어 보인다.

'작은도서관' 홈페이지 정보에 따르면 춘천에는 모두 18개의 작은도서관이 운영되고 있고 그중 13개가 아파트 단지에 있다. 춘천에서는 마을 단위에서 작은도서관들이 토대를 잘 닦아온 것이 좋은 본보기가 되었다. 그중에서 꾸러기어린이도서관은 2003년 시민단체 춘천시민광장과 후평동 주민들이 뜻을 모아 후평2동 주민자치센터에 지역자치 어린이도서관으로 문을 열었다. 도서관에는 주민들이 직접 만든 책장에 주민들이 기증한 책들이 채워졌다. 도서관 역할만 한 것이 아니다. 공부방, 어린이 장터 등을 열어 주민들의 관심과 참여를 이끌어내 마을에서 다양한 관계가 맺어지도록 했다. 도서관을 중심으로 일종의 마을공동체가 형성된 것이다. 담작은도서관이 개관한 2008년에는

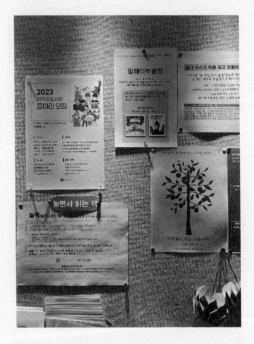

도서관 역할만 한 것이 아니다. 공부방, 어린이 장터 등을 열어
주민들의 관심과 참여를 이끌어내 마을에서
다양한 관계가 맺어지도록 했다.

뒤뚜르어린이도서관, 앞짱어린이도서관 등 다수의 작은도서관이 운영을 시작했고 이에 따라 춘천작은도서관협회도 결성됐다.

한편 사립 공공어린이도서관으로 개관한 담작은도서관은 개관 10년 즈음 공공도서관 서비스를 민간에서 지속하는 것이 맞는지를 고민했고, 도서관을 춘천시에 기부채납하기로 결정했다. 때맞춰 담작은도서관을 사랑하는 사람들의 모임인 '담애인'이 결성되어, 기부채납이 된 후에도 기존의 모습처럼 잘 운영되기를 바라는 시민들과 함께 '책으로꿈꾸는사회적협동조합'을 창립했다. 당시 이 작은도서관의 하루 이용객 수가 200여 명, 회원이 2만 명이었다니 담작은도서관이 얼마나 소중한 공간이었는지 짐작된다. 그 뒤에 춘천시는 시민 의견을 수렴해 책으로꿈꾸는사회적협동조합에 담작은도서관의 운영을 위탁했다.[2]

호반초등학교 아이들의 참새방앗간, 뚜루뚜

담작은도서관의 이야기를 듣고 보니 어쩐지 춘천에는 작은도서관 말고도 어린이들을 위한 공간이자 동네를 생기있게 만드는 공간들이 더 있을 것만 같은 예감이 들었다.

찾는 건 그리 어렵지 않았다.

후평3동 호반초등학교 앞, 하교하는 아이들이 자연스럽게 가방을 벗으며 들어가는 곳이 있다. 들어가지 않더라도 문밖에서 "안녕하세요" "○○이 있어요?" "저는 갑니다"라며 어떤 식으로든 문 안의 누군가에게 아는 체를 하고 지나가는 아이들이 많았으니, 모르는 사람이 보면 학원인 줄 알겠다 싶기도 한 그곳은 '어린이작업장 뚜루뚜'(이하, 뚜루뚜)다.

뚜루뚜는 평일 오후 1시부터 6시까지 어린이라면 누구나 자유롭게 드나들 수 있는 공간이다. 학원 버스를 기다리는 아이가 있는가 하면, 갖가지 재료가 마련된 창작 공간에서 나만의 작품을 만드는 아이도 있고, 목이 마르다며 들어와 물만 마시고 곧장 뛰쳐나가는 아이도 있다.

뚜루뚜는 호반안심마을공동체에서 운영하는 돌봄 공간이다. 전국의 초등학교에서 돌봄 교실을 운영하지만 학생들의 수요를 모두 충족할 수 있는 형편은 아니다. 지역아동센터, 다함께돌봄센터 등 지역 중심의 공적 돌봄으로 확대해도 마찬가지다. 상황이 이러하다 보니 어쩔 수 없이 학원을 전전하며 시간을 보내야만 하는 아이들이 적지 않다. 이와 같이 현실 속에서 아이들의 돌봄 공백을 안타까워한 엄마들이 머리를 맞댔다.

　'내 아이 하나라도 혼자서 아이를 돌보는 것은 힘든 일이다. 그러니 함께해볼까.' 이런 고민을 나눠온 엄마들이 모임을 만들어 틈틈이 마을놀이터를 여는 등의 자체 활동을 이어나갔다. 3년 정도 지속하다 보니 자연스럽게 '우리끼리'만 할 것이 아니라 마을로 범위를 넓혀보자는 쪽으로 분위기가 무르익었다. 그 무렵 도교육청과 시 당국이 춘천형 마을돌봄교육공동체 지원사업인 〈우리봄내 동동〉을 추진한다는 소식이 들려왔다. '그거 마침 잘됐다!' 후평3동의 엄마들 모임인 '함께돌봄공동체'와 춘천여성협동조합이 힘을 합해 이 지원사업에 도전해보기로 했고 다 같이 협의체를 구성했다.[3]

얼굴을 아는 이웃을 많이 만드는 일

'호반마을안심공동체'가 만든 뚜루뚜는 2021년 4월 16일에 문을 열었다.

　아이들에게도 쉼터가 필요한데 사실 아이들이 갈 수
　있는 곳이 별로 없어요. 대부분의 아이들이 길거리에서

배회하고 있죠. 우리 마을 곳곳이 안심할 수 있는 공간이 되어야 한다고 생각했고, 뚜루뚜라는 상시 돌봄 공간을 만들게 됐어요. 기존 지역아동센터나 다함께돌봄센터는 이용이 허락된 아이들만 갈 수 있거든요. 반면 뚜루뚜는 호반초등학교 전교생을 대상으로 동네 정거장 같은 느슨한 돌봄을 지향하고 있습니다. 누구든 자유롭게 이용할 수 있어요.

뚜루뚜 활동가의 이야기다. 뚜루뚜의 활동가는 호반초등학교 1~5학년 학부모들이 맡고 있다. 호반초등학교는 5학년만 3개 반이고 나머지는 2개 반으로 전교생이 250명 남짓인데, 뚜루뚜가 학교 정문 바로 앞에 위치해 있어 자녀들이 오가고 그 친구들과 형제자매들이 드나드니 활동가들은 전교생을 거의 다 알게 된다. 그런 까닭에 아이가 연락이 안 되는 부모들이 "혹시 ○○이 거기 있나요?" 하고 묻고, 학원 차량 기사들도 "여기 ○○이 없나요?" 하고 물어 온다. 이처럼 뚜루뚜는 학부모와 아이들의 비상연락망 역할도 하고 있다. 이는 아이들에게 뭔가 위급 상황이 생기거나 힘든 일이 있을 때 뚜루뚜를 찾아와 도움을 청할 수 있는 환경이 만들어지고 있다는 말이기도 하다.

뚜루뚜는 어린이작업장을 차용했어요. 여기에 오면 애들이
자기가 만들고 싶은 재료를 장바구니에 담아서 만들 수
있죠. 그런데 어떤 날은 만들기를 하기 싫을 수도 있잖아요.
그런 날은 만화방에 들어가서 만화를 보거나 보드게임을
하는 거죠. 학교나 센터의 돌봄을 보면 프로그램이
너무 많다는 생각이 들 때가 있어요. 애들이 학교에서
수업을 받고 나왔는데 쉬지도 못하고 또 뭘 하는 게 과연
맞을까요? 뚜루뚜에서는 아이들에게 자율성을 주려고
노력하고 있습니다.

〈어린이작업장 뚜루뚜 사용 설명서〉
하나, 무엇이든 상상하고 만들 수 있어요.
둘, 스스로 선택하고 스스로 만들어요.
셋, 다른 친구가 불편하지 않도록 배려해요.
넷, 필요한 만큼만 쓰고 제자리에 정리해요.
다섯, 뚜루뚜에서는 간식을 먹지 않아요.
여섯, 두고 간 작업물은 1주일 후에 사라집니다.

아이들은 뚜루뚜의 공간을 이용하는 데 그치지 않고
뚜루뚜를 통해 자신들의 목소리를 내기도 한다. 뚜루뚜 단

골 4인방이 어린이 보호구역인 학교 앞에서 담배를 피우는 어른들이 있다며 금연 포스터를 제작해 마을 곳곳에 붙인 일이 있다. 내용은 포스터라기보다 따끔한 경고문에 가깝다. 포스터를 보고 있자니 아이들의 단호한 목소리가 들리는 것만 같다.

> 안녕하세요, 우리는 호반초등학교 3·4학년 종합해서 4명입니다. 우리가 학교를 등하교할 때 담배를 피우지 말아주세요. 그리고 여기는 어린이 보호구역 겸 금연구역입니다. 담배를 피시면 우리 같은 어린아이들이 냄새를 맡고 폐에 위험이 있습니다. 자제해주시면 감사드리겠습니다.
> 담배 멈춰! 담배 멈춰!
> — 김○○, 이○○, 김○○, 김○○

양말목 공예품을 만든 호반초등학교 아이들이 이를 판매하고 번 수익금을 뚜루뚜에 기부한 일도 있었다. 학교 친구들이 많이 이용하는 뚜루뚜에 도움이 되고 싶다고, 뚜루뚜에 오는 어린이들을 위해 잘 사용해달라는 당부와 함께.

뚜루뚜는 방학 중에도 문을 연다. 방학 때는 어린이식

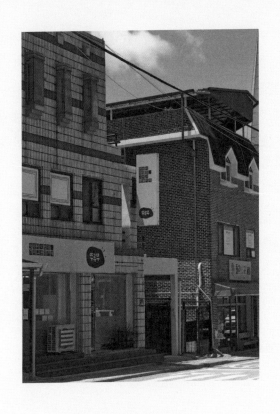

뚜루뚜의 활동은 자연스럽게
그 지역의 학부모와 주민의 눈길을 끌었고,
그들로부터 다양한 후원을 받아 운영하고 있다.

당에 주력한다. 일하는 엄마들 아빠들이 방학 때 가장 걱정하는 것이 아이들 밥 아닌가. 밥은 뚜루뚜 활동가들이 짓고, 반찬은 동네 반찬 가게를 이용해 11시 30분부터 1시 사이에 점심을 제공한다. 보통 30~35명, 많을 때는 50명 넘게 어린이식당을 이용한다. 무료로는 도저히 감당이 안 되는 일이라 1인 1,000원을 받고 있다.

> 작년 여름방학 때 어떤 일이 있었냐면요, 한 학생의
> 아버지가 찾아오셨어요. 여기가 아이들 점심을 챙겨주는
> 곳이 맞느냐고요. 아이가 집에서도 밥을 잘 안 먹는데
> 신기하게도 매일 뚜루뚜에 와서 밥을 먹는다는 거예요.
> 정말 고맙다고 인사를 하면서 보통 하루에 몇 명이 와서
> 밥을 먹는지 물으시더라고요. 그러면서 "오늘은 제가
> 쏘겠습니다!" 하고 그날 아이들 밥값을 모두 계산하고
> 가셨어요.

뚜루뚜의 활동은 자연스럽게 학부모와 주민들이 이곳이 뭐 하는 곳인가 유심히 보게 만들었고, 조금씩 관계가 확장됐다. 그리하여 집에 초등학교에 다니는 자녀가 없어도 아이들을 돌보는 것은 마을의 일이라 생각해 어린이식

당에 사용할 쌀을 기부해주는 이도 있고, 난로에 넣을 등유를 가져다주는 이도 생겨났다. 지원사업을 통해 확보된 예산에는 공간 임차비와 반상근 형태의 간사 인건비가 포함되어 있어 상시 운영 공간을 마련하는 데 얼마간의 도움을 받는다. 그 밖의 인건비, 전기세, 난방비, 화재보험비, 비품 구입비 등은 후원금과 벼룩시장 같은 행사 수익금을 통해 충당하고 있다.

최근에는 공동체의 여러 활동을 학교 교육과정과 연결하는 방법을 고민하고 있다. 학교 안에 마을교육이 뿌리내릴 수 있다면 그것이야말로 이상적인 그림 아닐까 하고 말이다. 2022년에는 〈텃밭에서 놀자! 호반방과후놀이터〉가 진행됐다. 학교 본관 뒤에 각종 폐기물이 쌓여 방치된 개인 사유 땅을 교사들이 무상 임대받아 조성한 텃밭이 있다. 이 텃밭에서 방과후 활동을 진행한 것이다. 미용 자격이 있는 엄마가 헤어피스와 자수실을 이용해 아이들과 함께 색다른 헤어스타일링을 시도해보고, 도시농업을 하는 아빠가 아이들과 함께 군고구마를 만들어 먹는 등, 학습보다는 문화체험 위주의 프로그램이 진행됐다. 어떤 날은 소풍을 온 듯 돗자리를 깔고 바구니에 담아 온 간식들을 나눠 먹으며 지점토 놀이를 하고, 나무 아래 옹기종기 모여 앉아 발도르

프 인형극을 감상하기도 했다.

입학철 학교 정문 앞 현수막 게시대에는 '어린이작업장 뚜루뚜는 월~금요일 1~6시 누구나 이용할 수 있어요' '우리동네에는 뒤뚜르도서관이 있습니다' 등의 정보를 더한 현수막이 내걸린다. 학교 가정통신문에는 호반마을안심공동체에서 진행되는 행사 내용이 빠짐없이 실린다. 교장선생님이 뚜루뚜에서 피자를 쏘고, 아이들이 교장실 문을 열어 "어제 피자 맛있게 잘 먹었습니다" 인사하는 모습이 자연스럽다.

호반초등학교 백혜화 교감은 갑자기 비가 쏟아지는 날 아이들에게 노란 우산을 빌려주고, 무더운 여름날 생각지도 못한 아이스크림 간식을 내주는 뚜루뚜에 마음이 뭉클해졌다고 했다. 그리고 이를 '가슴에서 나온 돌봄'이라고 평가했다.[4]

이제는 학부모와 주민, 학교 모두가 뚜루뚜가 정말 중요한
공간이고 앞으로도 계속되어야 하는 공간이라고 생각해요.
지원사업이 끝나면 이 공간이 사라질까 봐 걱정도 하고요.
그래서 어디 민원게시판에 호소의 글을 쓰면 되냐고
묻기도 하는데 그것보다는 많이 많이 칭찬을 해달라고

말씀을 드려요. 매년 사업 공모를 통해 지원을 받아야 하는 상황이지만 저희는 자신 있거든요.

2021년 〈우리봄내 동동〉에 선정된 공동체는 모두 5개소다. 2022년에는 9개소, 2023년에는 10개소로 늘었다. 이는 춘천의 어른들이 마음을 모아 아이들을 함께 보살피는 마을이 호반안심마을공동체에 국한되는 이야기가 아니란 뜻이다.

이 지원사업에 대해 알아보다가 춘천 시민들의 힘을 새삼 확인하기도 했다. 이 지원사업에는 단일조직이 아닌 다수의 협의체를 구성해야만 신청할 수 있다.[5] 이러니 사업을 신청하려다가도 이 신청 자격에 난색을 표한 곳들이 꽤 있다고 했다. 여러 단체가 협력해야만 하는 구조는 훨씬 많은 품이 들기 마련이다. 그럼에도 협의체를 조직한다는 것은 그만큼 이 일에 진심이라는 뜻일 것이다. 또한 협의체 조직은 보조금을 '눈먼돈'이라 보고 애먼 단체가 사업에 눈독 들이는 것을 애초에 차단할 수 있는 장치이기도 하다.

호반안심마을공동체를 비롯하여 〈우리봄내 동동〉 사업에 선정된 협의체들은 지원사업을 위해 급조된 조직도, 사업 보조금을 노리고 갑자기 툭 튀어나온 조직도 아니다.

뚜루뚜에 가시면
'어린이작업장 뚜루뚜 사용설명서'를
꼭 읽어보세요.

오랫동안 아이들의 돌봄 문제를 고민하고, 지역 운동을 이어온 가운데 서로 관계를 맺어온 곳들이다. 모두들 신청 자격이 까다롭다는 생각보다는 '우리 마을만큼 잘할 수 있는 곳이 없을 것이다' 하고 반가운 마음이 들었다고 했다.

내게는 담작은도서관이나 어린이작업장 뚜루뚜 같은 공간이 무척이나 새롭고도 매력적으로 보였지만, 자녀 보육과 교육이라는 현실적인 과제를 두고 공교육은 물론 대안교육에 이르기까지 다각도로 고민해본 학부모들에게는 그리 놀라운 일이 아니라고 한다. 한편 초기에 협동조합, 공동체 등의 조직이 구성되는 데까지는 활기에 넘치지만 이 조직들이 자생력을 가지고 유지되는가는 별개의 문제다. 소수의 열성적인 사람들에 의해 지탱되는 경우가 적지 않고, 그 열성적인 인자 가운데 한둘이 빠져나가면 위태해지는 경우가 허다하단다. 이는 몇몇 구성원에 의존하는 구조가 아니라 지역사회, 일반 시민들의 자발적인 참여를 이끌어내고, 그에 상응하는 콘텐츠를 갖추는 것이 앞으로의 과제임을 일러준다. 실제 뚜루뚜의 활동가들도 이와 같은 고민을 하고 있었다.

지금은 뚜루뚜 활동가들의 자녀들이 학교에 다니고 있고

또 저희들이 좋아서 하는 일이니 당분간은 유지되겠지만, 사실 언제까지 할 수 있을까는 고민이에요. 뚜루뚜가 중심이 되고 있지만, 앞으로 마을에 계속 연결고리를 만드는 것, 얼굴을 아는 이웃을 많이 만드는 것을 목표로 삼고 있습니다.

아직은 내가 경험해보지 못한 그 세계

결혼을 하지 않았고, 아이도 없는 나로서는 몇 해 전까지만 해도 아이들이 살아가는 세상에 대해 특별히 관심을 가져본 적이 없다. 그러다가 조카들이 자라 초등학교에 입학하면서부터 문득문득 아이들이 안쓰러워지는 순간을 마주했다. 집에서 학교를 오가는 것조차 아이 혼자서는 위험한 세상이 되어버렸고, 뭘 배우고 싶어서라기보다는 안전하게 시간을 보낼 수 있는 곳이 마땅치 않아 학원으로 향할 수밖에 없다는 걸 여실히 확인했기 때문이다.

첫째 조카가 학교 돌봄교실이 너무 지루하다며 혼자서 집에 있어보겠다고 한 적이 있다. 다행히 초등학교가 동생네 가족들이 살던 아파트 단지와 바로 붙어 있었고, 선생님이 아이의 하교길을 살펴봐줄 수 있는 상황이었다. 하교 후

집에서 시간을 보내던 조카는 하루에 딱 십 분 정해놓은 시간에 놀이터에 간다고 했다. 같은 아파트에 사는 친구들이 학원 차를 기다리는 시간, 그때가 아니면 친구들과 어울려 놀 기회가 없다고. 친구들이 차를 타고 떠나면 조카는 다시 집으로 돌아와 엄마 아빠가 퇴근해 돌아올 때까지 혼자서 시간을 보냈다. 그 이야기를 듣는데 마음이 참 먹먹했다.

내가 살고 있는 집 앞 빌라에 조카 나이 또래의 초등학생이 산다. 그런데 내가 이 집에 살고 있는 지난 7년 동안 그 아이를 마주한 일은 다섯 손가락에 꼽을 정도다. 그러니 앞집에 아이가 산다는 건 알아도 그 아이의 얼굴은 또렷하게 떠오르지 않는다. 내가 유난히 무심한 사람이라 그럴까? 도심 골목에서 아이들이 뛰노는 모습을 본 적이 언제인지 모르겠다. 아이들 목소리를 듣는 것도 쉽지가 않다. 나는, 또 아이들은 지금 어떤 세상에서 살고 있는 걸까.

내 조카들이 사는 동네에 춘천의 담작은도서관 같은 곳이, 뚜루뚜 같은 곳이 있으면 얼마나 좋을까 생각해본다. 그와 동시에 내가 사는 동네에는 이런 곳이 없을까 알아봐야 하겠다는 생각이 든다. 아이가 없어도 아이들을 위해 내가 할 수 있는 일이 있지 않을까? 호반안심마을공동체 이웃들처럼. 얼굴을 아는 이웃이 된다는 것이 어떤 것일지…

아직은 내가 경험해보지 못한 그 세계가 조금씩 궁금해지기 시작한다.

내게 알맞은 속도와
리듬을 찾아

춘천을 대중교통으로 여행하는 일은 만만치 않다.
그러나 자전거 타기에는 꽤 좋은 환경이다.

춘천에 막 호감이 생기다가 처음으로 '아, 난 여기서 못 살겠는데?' 하는 생각이 든 것은 시내 대중교통 이용이 너무나도 불편하다고 느낀 뒤부터다. ITX 열차를 타고 남춘천역이나 춘천역에 도착했을 때까지만 해도 '진짜 서울에서 가깝구나'라며 좋아했지만 춘천을 오가는 날이 많아지면서 '차 없는 사람 서러워서 살겠어?' '아니, 춘천 사람들은 안 불편한가?' 같은 마음이 스멀스멀 밀려들었다.

시내 대중교통이라고 통칭했지만 지하철이 없으니 버스라고 콕 집어 말해야겠다. 춘천의 시내버스는 꽤 자주 사람 속을 '욱'하게 만든다. 가령 남춘천역에 도착해 춘천 도심 내 대표 명소인 국립춘천박물관[1]까지 최적의 대중교통을 검색하면 200번 버스가 안내된다. 3.3km, 도보로 50여 분이 걸리는 거리인데, 최적이라는 이 버스 노선은 춘천 도심 남쪽을 빙 두르며 18개 정류장을 거친다. 예상 소요시간은 40분을 훌쩍 넘긴다. 시 외곽에 위치한 명소라면 모를까 시내에서 이건 좀…

그럼 외지인들에게 더 인기 있을 법한 명소 말고 도심 유동인구가 많은 구간은 다를까? 대표적인 주거 지역인 후평동의 한 아파트 단지에서 퇴계동 번화가까지로 구간을 바꿔봐도 사정은 크게 달라지지 않는다. 4km 남짓으로 도보 1시간, 자전거로는 15분여, 자동차로는 10분이 채 안 걸리는 구간인데 길찾기 애플리케이션은 최적의 대중교통으로 무려 25개의 정류장을 거치는 버스 노선을 일러준다.[2]

하필이면 노선이 꼬인 구간을 제시한 것이 아니다. 실제 춘천 도심에서 이동할 때면 번번이 버스 타기를 포기하고 차라리 걷거나 급한 마음에 택시를 타야 했다. 오죽했으면 춘천에서 누군가를 만날 때마다 "저기요, 근데, 춘천에서 버스 타는 게 원래 이렇게 힘든 거예요?"라고 물어봤을까. 위안이라면 열이면 열 "네, 춘천에서 버스를 타려면 상당한 인내심이 필요합니다" "걷는 게 몸 건강에 좋고, 택시를 타는 건 정신 건강에 이롭습니다" 같은 답이 돌아왔다는 점이다.

한번은 너무 가까운 거리인데 약속 시간 때문에 택시를 타고는 좀 민망한 기분이 들어 택시 기사님께 죄송하다고 먼저 인사를 건넸다. 그런데 웬걸!

춘천분 아니시구나? 춘천에서는 그런 거 없습니다. 춘천에서는 택시가 버스예요. 여기 춘천이 땅은 무지하게 너른데 인구가 30만이 안 되거든요. 서울처럼 대중교통이 좋을 수가 없어요. 버스가 구석구석 다니기에는 수지타산이 안 맞는 거지. 근데 땅은 커도 시내는 크지가 않아요. 시내 안에서는 어딜 가든 택시 요금이 만 원 이상 나오는 데가 잘 없어요. 그러니까 시간 여유 있고 두 다리 멀쩡하면 좀 걷는 거고, 여차하면 택시 타는 거지 뭐. 그렇게 큰 부담이 안 되니까 가까운 데라도 자주 타세요. 그래야 우리도 돈을 벌지.

'그렇구나! 그래도 택시가 버스라니… 과장이 좀 심하셨네' 했다가 통계 자료를 찾아보고 놀라지 않을 수 없었다. 2020년 기준 춘천의 시내버스 수송 인원은 863만 8,146명인데 택시 수송 인원은 무려 3,765만 4,650명에 달했다.[3] 택시 이용자 수가 버스의 네 배를 넘어서고 있었다.

춘천에서 버스 타는 게 원래 이렇게 힘든가요

춘천의 대중교통 이용이 불편한 것은 해묵은 일이다. 우선 시내동지역을 보면 간선과 지선 두 종류가 운행되는데 파란색 간선버스가 비교적 도심 지역을, 녹색 지선버스가 보다 먼 거리를 굽이굽이 돌아 운행한다. 그리고 면 지역과 도심을 오가는 마을버스가 있다.[4] 문제는 마을버스는 제쳐

두고 지선과 간선 버스만 보더라도 노선이 굉장히 비효율적으로 편성되어 있다는 점이다. 지선과 간선의 구분이 무의미할 만큼 도심 끝에서 끝으로 장거리를 오가는 버스가 많고, 또 대부분이 원도심인 중앙로를 거쳐 가게끔 코스가 짜여 있다. 그러다 보니 버스 간의 노선 중복이 많은 것은 물론 가까운 거리도 돌아가거나 중앙로에서 환승해야 하는 경우가 잦다. 노선별 운행 횟수가 적고 배차 간격이 길다는 것도 버스 기다리는 시민들을 지치게 하는 요소다.

기본적으로 도농복합지역이라는 도시의 성격이 버스 노선 편성과 배차에 썩 좋은 조건은 아니다. 여기에다 2000년대 초중반 도심 외곽으로 대규모 아파트 단지들이 들어서면서부터 그전까지 중앙로 일대에 상권이 밀집되어 있었던 단핵 도시 구조에 변화가 생겼다. 이런 상황에서 노선과 배차를 조정할 권한을 쥐고 있던 대동·대한운수는 2018년 부도가 날 만큼 경영 상태가 좋지 못했고, 그에 따라 도시 변화와 다양화된 이용자의 요구에 부응하지 못한 것으로 보인다. 이후 대동·대한운수를 춘천녹색시민협동조합이 인수해 ㈜춘천시민버스를 출범했지만 경영 정상화가 이뤄지지는 못했다. 그에 따른 피해는 고스란히 시민들에게 돌아갔다.

우여곡절 끝에 춘천시와 ㈜춘천시민버스가 업무협약을 맺어 2023년 7월부터 시내버스 준공영제 시대를 맞았다. 시가 노선 조정 권한을 갖고, ㈜춘천시민버스에 운영비 등을 지원하는 구조다. 학생들을 위한 등·하교 노선을 신설하고, 읍·면 지역에서 대학병원을 잇는 연계 노선을 확대할 예정이다. 이 구조가 정착되기까지 시간이 소요되고 시행착오도 겪겠지만 많은 시민들이 준공영제 실시에 반색하고 있다.

물론 그동안 춘천시가 손을 놓고만 있었던 것은 아니다. 대중교통 불편 민원이 계속되자 춘천시에서는 2015년부터 마을버스가 운행되지 않거나 운행 횟수가 적어 이용이 불편한 외곽 지역을 대상으로 희망택시[5] 제도를 시행하고 있다.

저희 아버님이 신동면 팔미리에 계신데 그 동네에도 희망택시가 다녀요. 요금이 얼마가 나와도 승객은 천 원만 내면 돼요. 나머지 요금은 시에서 지원해주는 제도거든요. 시골에 살아도 병원을 가거나 장을 보거나 볼일을 봐야 하잖아요. 그렇다고 맘대로 타고 다닐 수 있는 건 아니에요. 일단은 혼자서는 못 타요. 마을사람 여럿이 시간을 맞춰서

같이 움직여야 하고, 마을마다 '일주일에 몇 번' 횟수도
정해져 있는데, 그 조율을 이제 마을 이장이 하죠.

춘천에서 7년째 카카오 택시를 운행하고 있는 황순직
기사님께서 들려주신 이야기다. 희망택시에 앞서 2012년
부터 통학택시가 운영되어왔고, 2023년부터는 통근택시도
운행되고 있다.

버스 연결이 시원찮은 지역에 사는 학생, 직장인도
등하교하고 출퇴근할 때 희망택시처럼 택시를 이용할 수가
있어요. 그건 시에다가 이용 신청서를 내서 선정된 사람만
탈 수가 있고요. 희망택시 같은 경우에는 미리 연락만
해놓으면 주말에도 이용할 수가 있는데 통학택시하고
통근택시는 주말에는 못 타는 거죠. 이래저래 춘천이
대중교통이 상당히 불편하긴 한데 시에서도 제 나름 애를
쓰고 있어요.

희망택시, 통학택시, 통근택시는 대중교통 이용 불편
으로 인해 개개인이 이동에 들여야 하는 유무형의 에너지
와 비용을 보전해주는 동시에 최소한의 이동권을 보장해

주는 제도다. 버스 노선은 턱없이 부족하고 상대적으로 택시 운행이 활발한 지역적 특성을 그 나름 잘 활용한 것이라고 볼 수 있겠다.

　이용하는 당사자들 입장에서는 아쉬운 부분들이 있겠지만, 사람 심리가 참 이상한 것이 춘천 대중교통 엄청 후지다고 열을 내다가 내가 직접 이용하거나 이득을 볼 것도 아니면서 또 이런 외곽 지역 맞춤 교통 지원 제도가 있다니까 마음이 좀 누그러지기도 한다. 이런 나 자신이 좀 머쓱해지는 것은 희망택시 같은 제도가 있어도 기어코 하루에 몇 대 띄엄띄엄 오가는 버스를 기다려 타는 지역 어르신들이 많다는 점이다. '버스가 없는 것도 아닌데 무슨 택시냐.' '버스 시간 맞추는 것이 무어 그리 어려운 일이냐.' '내 돈 아니라고 기름 한 방울 안 나는 나라에서 길에다가 그렇게 돈을 뿌리면 안 된다.' 어르신들의 꾸지람이 귓가에 맴돈다.

아직까진 사람보다 차가 우선일 수밖에 없는 걸까

한편 춘천 도심의 대중교통 이용 불편은 자동차 보유대수 증가로 이어졌다. 2020년 기준 춘천시의 가구당 자동차 보유대수는 1.1대로 집계됐다. 집집마다 한 대 이상의 차를 보유하고 있다는 얘기다. 참고로 서울의 가구당 자동차 보유대수는 0.7대 수준이다.[6]

지방 소도시의 대중교통 불편은 어느 지역이나 비슷하게 안고 있는 문제다. 춘천만 특별히 문제가 있는 것은 아니란 말이다. 가구당 자동차 보유대수만 하더라도 광역시의 경우 1을 넘지 않는 것이 보통이지만 시-군-읍-면 지역으로 갈수록 수치는 높아진다.

그럼에도 인구 30만 명을 달성해 특례시로 도약하려 애쓰는 춘천시로서는 대중교통 문제를 간과할 수 없다. 자동차 보유대수가 많아진다는 것은 교통체증, 주차난, 환경오염 등의 부가적인 문제를 불러온다. 2021년 하반기부터 춘천시가 친환경 차량 보급 사업의 일환으로 수소·전기차 보조금 지원 사업을 펼치고 있다지만 자동차가 늘어나는 것 자체를 반기기는 어렵겠다. 이미 춘천 도심 곳곳에서 교통체증과 주차난이 도드라지고 있다.

대중교통을 간과할 수 없는 것은 춘천의 청년들, 특히 대학생들이 졸업과 동시에 춘천을 떠나려 하는 이유 중의 하나로 교통 불편을 꼽고 있기 때문이기도 하다.[7] 목마른 자가 우물을 판다고 한림대 재학생들이 택시 합승 애플리

주머니 사정이 빠듯한 학생들에게 택시 요금보다
부담이 적은 공유 전동킥보드가 유일한
대안이라는 건 안타까운 일이다.

케이션 '림카'를 개발하기도 했는데, 이것을 근본적인 해결책이라고 볼 수는 없다. 주머니 사정이 빠듯한 학생들에게는 택시 요금보다 부담이 적은 공유 전동킥보드가 유일한 대안이다. 강원대학교 캠퍼스에만 공유 전동킥보드 전용 주차구역이 54개소에 달한다. 안타깝게도 공유 전동킥보드는 안전사고, 무단 방치 등의 문제로 최근 춘천에서 상당한 민원을 유발하고 있다.

최근 '걷고 싶은 길'로 조성하려 했던 춘천 원도심 내 소양로 일부 구간의 도로 개편 계획이 변경되어 기존 4차선에서 6차선으로 오히려 차도가 확장됐다는 뉴스를 접했다. 그 순간 고개를 갸웃한 것은, 거리에서 사람이 배제되는 교통 행정이 과연 내가 살고 싶은 도시 혹은 누구나가 살기 좋은 도시로 가는 방편일까 싶은 생각이 들어서다.

자전거로 서로를 이어주다

매월 둘째 주 토요일 오후 2시가 되면 춘천 도심에 자전거 부대가 출몰한다. 평균적으로 서른 대 정도의 자전거가 무리를 이뤄 도심 차도를 달린다.

크리티컬 매스(Critical Mass)[8]라고 해요. 도로법상으로 자전거는 차에 속합니다. 자전거 전용도로가 갖춰지지 않은 상황에서는 자전거 역시나 차도로 다니는 것이 옳은데 실제 차도에서 자전거를 타기가 쉽지 않죠. 그런데 둘이, 열 명이, 스무 명이, 서른 명이 함께 타면 그 자체가 하나의 사회적 헬맷이 돼요. 자동차들 사이에서 보다 안전을 확보할 수가 있게 되죠. 이런 경험을 통해 자동차 운전자들이 자전거가 차도를 이용하는 게 정당한 것임을 자연스럽게 받아들이게 하려는 의도가 있고, 또 한편으로는 자전거 인프라가 개선되려면 공공에서 움직여줘야 하잖아요. 이를 위해 어떠한 압력을 행사하려는 의도도 있습니다.

크리티컬 매스는 전 세계 3백여 개국에서 한 달에 한 번꼴로 열리는 자전거 타기 행사다. 단순히 자전거를 함께 타는 행위가 아니라 도시 거리의 환경 개선을 목표로 하는 사회운동으로 진행된다.[9] 춘천의 크리티컬 매스는 '두 바퀴로 가는 세상'(이하, 두바세)에서 이끌고 있다. 두바세는 춘천 지역의 생활자전거 인프라 개선을 목표로 활동하는 사회적협동조합이다. 춘천이 자전거 타기에 아주 좋은 도시인 것은 물론이고 삶의 질과 환경까지 생각한다면 춘천 도심에 자전거 인프라를 구축하는 것이 좋은 대안이 될 수 있을 거라고 생각한 이들이 모여 2007년 3월 생활자전거 모임을 만들었고, 그 뒤로 자신들의 생각을 알려왔다. 2018년 9월에 처음 시도하여 지금까지 캠페인을 이어오고 있는 크리티컬 매스가 그중 하나다.

한국은 도로 환경 자체가 자동차 중심이다. 출퇴근, 통학, 그리고 그 밖의 생활 교통수단으로 자전거를 타기에 결코 편리하고 안전한 환경이 아니다. 춘천의 경우 북한강 자전거길[10]이 서울 근교에서 춘천으로 연결되는 데다가 의암호 주변, 그리고 소양댐과 춘천댐에 이르는 호숫가와 같이 도심 외곽으로 자전거 도로가 이어져 있어 자전거를 레저로 즐기기에는 더없이 좋다. 그러나 도심은 여느 지역과 크게 다를 바 없이 자전거 인프라가 미비한 상태다.

교통 정책과 그에 따른 도로 환경이 바뀌려면 소수의 문화가 아니라 대중 참여를 끌어내는 것이 중요하다. 2020년 10월 사회적협동조합으로 새로이 출범한 두바세는 크리티컬 매스를 통해 사회적 인식을 바꾸려는 노력을 하는 동시에 생활 속에 자전거가 자리 잡을 수 있도록 다양한 교육·문화 활동을 전개하고 있다. 2022년 7월부터 시작한

'자전거 출퇴근 챌린지'의 경우가 조합원을 넘어 시민들의 자발적 참여를 독려하는 문화 활동이라 할 수 있다. 에코 바이크 애플리케이션을 이용해 자전거 출퇴근을 기록하여 목표나 실적 달성 기준에 따라 지역 상품권을 지급하는 방식으로 자전거 이용을 독려한다.

두바세 사람들이 대중교통이 불편해서 그 대안으로 자전거를 기반으로 하는 활동들을 전개하는 것은 아니다. 건강에도 도움이 되고 지속 가능한 환경에도 보탬이 되는 교통수단으로서 자전거의 순기능을 지역사회에 알리고, 생활권의 범주에서 보다 안전하고 편리하게 자전거를 탈 수 있는 환경을 조성하는 것이다. 결과적으로 대중교통이 여의치 않은 춘천의 현재를 봤을 때 꽤 매력적인 대안이 아닌가 하는 생각이 든다.

한편 두바세를 통해 자전거와 관련된 사회적 활동을 하면서 다양한 사람들과 연결되고 세계관이 확장되었다는 박선우 씨는 자신만의 색깔로 춘천의 생활자전거 문화 확산에 일조할 수 있는 새로운 형태의 활동을 모색하고 있다.

자전거의 주된 기능은 교통수단이 되어야 해요. 두바세도 그런 철학을 가지고 있는 분들이 모여서 사회를

"자전거 인프라가 개선되려면
 개개인의 노력만으로는 안 됩니다.
 공공에서 움직여줘야 해요."

향해 이야기를 하고 있는 것이고요. 그런데 아직까지
교통수단으로 자전거를 탈 수 있는 환경이 갖춰져 있지
않죠. 그러니까 자전거를 타려면 자전거 도로가 조성되어
있는 곳으로 가서 탈 수밖에 없어요. 자연스럽게 자전거가
레저, 운동으로 한정되는 것이고요.

저는 자전거를 타는 사람들을 자연스럽게 이어줄 수
있는 오프라인 공간으로 카페를 운영하면서, 문턱을 낮춘
라이딩클럽을 운영하고 있어요. 보통 자전거 동호회라고
하면 몸에 딱 붙는 자전거 복장을 갖춰 입고 자전거길을
여럿이 줄지어 쌩하니 달리는 모습을 떠올리잖아요.
춘천에도 그와 같은 형태의 자전거 동호회가 여럿
있습니다. 제가 운영하고 있는 라이딩클럽은 이와는
성격이 달라요. 춘천의 아름다운 곳을 같이 다니고,
함께 맛있는 것을 먹으러 가고, 그렇게 자전거를 타면서
춘천에서의 일상을 공유하는 커뮤니티예요. 그동안 좀 더
여유롭게 생활의 일부로서 자전거를 타고 싶은 사람들을
위한 자리는 없었어요. 그런 분들을 위해 자전거를
일상생활에서 즐겁게 탈 수 있는 환경을 만들어가고
싶어요. 누구나, 초보자도 참여할 수 있는 난이도로 아주
여유롭게 춘천을 여행하듯이 라이딩하고 있습니다.

카페에서 자전거 대여도 하고 있어서 자전거가 없는
분들도 함께할 수 있고요.

'자전거로 서로를 이어주는 공간'을 콘셉트로 '카페
차원'을 운영하고 있는 그는 춘천에서 나고 자랐고 20대를
서울에서 보낸 뒤 서른 즈음에 춘천으로 돌아왔다. 자전거
의 매력을 알게 된 것도 그때쯤이다. 춘천에 살면서도 자전
거를 통해 다양한 차원의 사람들을 만날 수 있고, 일상에
활력을 느끼면서 지낼 수 있음을 깨달았다. 그리고 그 속에
서 자신이 좋아하면서도 오래 할 수 있는 일을 찾기 시작했
다. 자전거 스쿨을 운영하고, 회원 정비 서비스를 진행하는
것도 그가 카페 차원을 기반으로 교통수단으로서 자전거
의 대중화와 함께 안정적인 수익 구조를 확보하고자 생각
해낸 일들이다.

해외에 자전거 인프라가 잘 갖춰진 도시들도 그런
환경을 만드는 데 수십 년이 걸렸다고 해요. 우리나라는
이제부터가 시작이라고 봐야죠. 제가 두바세 이사로도
활동을 하고 있는데 두바세에서 활동하는 분들이 3백 명
정도 되거든요. 연령대로는 40~60대가 많고요. 두바세가

이 춘천이라는 지역이 자전거를 기반으로 사람 살기 좋은 환경이 될 수 있도록 노력해왔는데 저는 그런 문화와 흐름이 20~40대의 삶으로 이어졌으면 해요. 어떤 책무 같은 것을 느낍니다. 자전거를 매개로 하는 공간을 만든 지는 이제 2년 정도 됐는데, 쉽지는 않지만 가능성을 확인하고 있습니다.

삶의 속도와 리듬을 어디에 맞출 것인가라는 고민

사람이 어쩔 수 없는 환경에 처하면 자신에게 주어진 조건에 맞춰 삶의 방식을 재편한다. 어떤 경우에는 그게 자신에게 맞춤옷이 아니더라도 자기 합리화를 하게 되는 것 역시 부정할 수 없다. 그런데 과연 모든 것을 만족시키는 삶의 환경이 있을까. 결국 내가 포기하거나 좀 밀쳐두어야 하는 것들이 생겨나게 된다. 무엇을 포기하고 무엇을 지켜낼 텐가? 그런데 이 역시 틀린 질문일 수 있다. 애초에 어쩔 수 없는 환경이라는 것이 누군가에게는 온전히 자기 의지로 선택한 삶의 환경일 수도 있기 때문이다.

내 경우 몇 달에 걸쳐 춘천 구석구석을 취재해야 했던 상황이라 춘천 도심의 대중교통을 더 민감하게 받아들인 것이 사실이다. 차가 있으면 춘천만큼 다니기 편한 도시가 없다지만 차를 몰 생각이 없는 나로서는 '여기서는 못 살겠다' 하는 반응이 나올 수밖에. 그런데 지금에 와서는 속도와 리듬에 대해 생각해본다. 내 삶, 내 생활의 속도와 리듬은 어떤 선을 그리고 있는가? 나는 어떠한 흐름 속에서 살고 싶은가?

만약 현재로서는 대중교통 여건이 좋지 않은 춘천에서 차 없이 살게 된다면 엄청 불편하다고 투덜투덜하며 살까? 내 생활 패턴을 봤을 때 한 달에 서너 차례 지방으로 취재를 가는 것 외에 일상 생활에서는 동네를 잘 벗어나지 않고, 오히려 왕복 1시간 천변을 산책하거나 자전거를 타는 것이 매우 중요한 일과 중 하나다. 그렇다면 ITX 정차역이나 버스터미널이 지척에 있고 천변이나 호숫가 접근이 용이한 효자동, 약사동, 퇴계동, 온의동 정도에 거주지를 마련할 수 있다면 사실 크게 불편함을 느끼지 못하고 살 수 있을지도 모른다. 택시 기사님 말마따나 춘천 시내에서는 어딜 가나 택시 요금 만 원을 넘기기가 어려우니 오히려 가뿐하게 움직일 수 있어 좋다고 할지도. 어디까지나 내가 원하는 지역에 내가 원하는 집을 내 경제력으로 충분히 구할 수 있다는 전제하에 유의미한 상상이다.

지방 취재를 하다 보면 몇 시간에 한 대꼴로 배차되는 시골 버스나 완행열차를 제법 이용하게 된다. 노선이 없거나 갈아타야 하는 지역을 가야 할 때는 좀 난감하지만 띄엄띄엄이라도 이용할 수 있는 대중교통이 있으면 그저 감사한 마음이 든다. 취재지로 가는 동안에는 얼마간 긴장을 할 수밖에 없는데 그 띄엄띄엄한 배차 간격은 마음의 준비를 하는 데 꽤 도움이 된다. 반대로 돌아오는 길에는 물론 빨리 상경하고 싶은 마음도 있지만 그날의 취재를 곱씹으며 차분히 머릿속을 정리하는 시간이 되기에 그 느린 여정을 은근히 즐기기도 한다. 신기한 건 서울에선 바쁠 것 하나 없는 상황에서도 '도착 ○분 전'이라고 표시되는 버스 도착 안내 전광판을 목이 빠져라 쳐다보며 5분 전, 3분 전에도 발을 동동거린다는 점이다. 어쩌면 나는 내 삶의 속도와 리듬을 나 자신이 아닌 외부 환경에 맞추어 살아가고 있는 것은 아닐까?

춘천을 오가는 동안 교통 여건이 내게는 어느 정도로 중요한 삶의 조건인지를 새삼 진지하게 생각해보았다. 그랬더니 교통 외의 조건에 대해서도 '이 정도는 양보할 수 있겠다' '이건 포기할 수 없겠다' 하는 기준점이 떠오르고, 여러 조건들 간의 우선 순위도 잡히기 시작한다. 그럴수록

도시의 구석구석을, 한편으로는 더 다양한 도시를 알아가
보고 싶어진다. 새로운 근거지를 찾는 여정은 어쩌면 나 자
신을 좀 더 알아가는 시간인지도 모르겠다.

제자리에서
세계를
넓히는 방법

도심을 관통해 의암호로 흘러드는 공지천은
춘천 사람들에게 소중한 수변공원이다.

생활 반경에 무시로 걷거나 달릴 수 있는 장소가 있다는 것이 굉장한 복이라는 걸 지금 살고 있는 동네에 이사를 오면서부터 알게 됐다. 집에서 1분, 골목 한 블록만 넘으면 보행로와 자전거 도로가 잘 정비된 천이 흐른다. 날이 궂거나 웬만히 힘든 날이 아니고서야 아침이든 저녁이든 하루에 한 번 천 끝자락까지 왕복 5㎞, 한 시간 남짓 되는 천변을 걷는다. 운동이라기보다는 허공에 먼지를 털어내듯 찌뿌둥한 기운을, 복잡한 머릿속을, 내 안의 어떤 군더더기들을 털어버리는 시간에 가깝다.

천변, 강변 또는 호숫가와 같이 도심 생활권 가까이에 있는 친수공간은 도시의 고층 빌딩숲 아래의 일상에서 누릴 수 있는 최대치의 자연인 것만 같아 늘 반갑다. 물 흐르는 소리, 물에 반사되는 다채로운 모습들, 속도감이 느껴지는 물살… 리듬감이랄까 생동감이랄까 같은 자연이라 해도 등산로나 숲길과는 확실히 다른 매력이 있다.

춘천의 '물'

춘천에서는 도심을 관통해 의암호로 흘러드는 공지천이 참 매력적인 수변공원이다. 여느 천변처럼 보행로와 자전거 도로가 마련되어 있을 뿐만 아니라 물길 양쪽으로 하천 폭보다 너르게 잔디밭이 깔려 있고, 사이사이 아름드리 버드나무가 적당한 그늘과 쉴 자리를 만들어주어 '여기에다 돗자리 펴고 노닥이고 싶다'는 생각을 절로 하게 만든다. 이런 마음을 꿰뚫어 보고 피크닉 소품을 대여해주는 카페들이 생겨날 만큼 시민들은 물론 여행객들에게도 열려 있는 친수공간이 바로 공지천이다.

춘천에 머무는 날이면 어김없이 공지천을 걷는다. 좋아서 일부러 걷기도 했지만 남춘천역에서 시내로 진입할 때 버스나 택시보다 공지천을 건너 걷는 편이 나을 때가 많았다. 특히 도시 개발로 복개되었다가 2013년 복원 사업을 통해 다시금 공지천을 따라 소양강 물이 흐르게 된 약사천은 꽤 매력적인 지름길이다. 그런데 이 천변을 걸을 때마다 천변 양쪽을 이어주는 다리에 시선이 꽂히곤 했다. 머리 위로 공간이 얼마 남지 않을 만큼 대부분의 다리 높이가 유난히도 낮았기 때문이다.

분지라 여름엔 좀 더워서 '춘프리카(춘천+아프리카)',
또 다른 지역보다 겨울이 매서워서 '춘베리아
(춘천+시베리아)'라는 별명이 붙긴 해도 춘천은

자연재해가 없는 도시예요. 댐에서 수위를 조절하니까 웬만해서는 장마철에도 물 넘칠 일이 없죠. 돈만 좀 있으면 춘천만큼 살기 좋은 곳이 없다니까요. 조금만 나가도 천이고, 호수고, 얼마나 좋아요. 도시라고는 해도 복작복작하지 않고 차분하니 사람 사는 동네 느낌이 남아 있어요. 그러니 젊은 사람들은 빠져나가도 퇴직을 하고서 춘천으로 와서 사는 사람들이 많죠. 그래서 희한하게 춘천 인구가 줄지는 않는다잖아요.

이렇게도 한결같을 수 있을까 싶을 만큼 택시를 타고서, 닭갈비를 먹으면서, 자전거를 빌릴 때, 시장 구경을 하면서… 한두 마디 이야기를 주거니 받거니 할 때면 으레 듣게 되는 이곳 사람들의 고정 레퍼토리였다. 자연재해는 없고, 자연환경은 으뜸이라는 은근한 자랑 섞인 표현인데 자연환경 좋은 거야 눈에 바로 보이는 것이니 그대로 인정. 그런데 정말 춘천이 자연재해가 없는 도시인가? '그게 무슨 말이냐, 몇 해 전에도 장마철에 공지천이 범람해 침수 피해 입은 집이 있잖느냐, 뉴스도 못 봤나?' 하는 목소리도 있었다. 찬반이 갈릴 사안은 아니다. 자연재해가 없는 도시라는 건 어디까지나 상대적인 이야기다. 인터넷 포털 네

이버를 운영하고 있는 NHN이 춘천 구봉산 자락에 인터넷 데이터센터 '각'을 조성한 배경에도 춘천의 이러한 자연 여건이 큰 영향을 미쳤다. 실제 타 지역에 비해 지진이나 홍수 등 자연재해가 '드물어' 안정적인 운영이 가능하고, 풍부한 수자원이 서버의 뜨거운 열기를 식히는 데 상당한 도움이 된다고 한다.

강과 댐, 호수와 하천을 아우르는 '물'은 그저 보기 좋은 경치가 아니라 이 도시가 가진 독보적인 자원으로 인식되고, 전반적으로 시민들이 이에 자부심을 느끼는 것이 꽤 자연스러워 보였다.

댐의 건설, 그리고 터전의 소멸

지구상에 존재하는 자연수 중에서 자원으로 이용 가능한 물을 수자원이라고 부른다. 수자원은 일정 면적 안에 자연 상태에서 땅에 떨어지는 강수량과 그 면적 안에 흐르는 하천수의 총량에서 손실량을 제외하여 측정한다. 이를 계산했을 때 한국 수자원 총량(1,323억 m^3) 가운데 이용 가능한 수자원량은 57퍼센트(760억 m^3)다. 여기서 바다로 유실되는 양(388억 m^3)을 제외하고 실제 이용하는 수자원(372억

m^3)은 전체의 28퍼센트 남짓이다.[1] 분명 한국이 물 부족 국가라는 이야기를 들은 것 같은데 전체 수자원의 절반도 이용하지 않는다는 사실이 의외다.[2]

현재 전 세계에서 유의미하게 통용되는 수자원 관련 지수는 물 빈곤지수(WPI)다.[3] 한국은 147개국 중 43위로 물 사정이 양호한 편에 속한다. 그러나 물이 차고 넘치든 부족하든 물을 절약하는 습관은 지속 가능한 환경을 위해서라도 얼마든 강조해야 하는 일일 것이다. 한국은 인구 밀도가 높고 강수량이 여름에 집중되는 사회·환경 여건을 다양한 방법을 동원하여 극복해왔다. 대표적인 대책이 바로 댐 건설이다.

자료를 살펴보며, 댐이 있어 우리가 일상에서 물 부족을 체감하지 못하고 생활할 수 있게 됐다는 것과 함께 새로이 알게 된 부분이 있다. 댐의 고장이라 해도 과하지 않을 춘천은 사실 댐이 필요 없는 도시다. 춘천은 소양강과 북한강이 합류하는 지역이다. 보통 이처럼 큰 하천이 흐르는 지역은 하천에서 물을 끌어다 쓰는 것만으로 각종 용수를 충분히 확보할 수 있다.

이미 1950년 6월 25일 한국전쟁으로 인해 나라가 크게 피폐해졌을 때에도 소양강댐에 대한 기초조사와 검토가 시작되었으며, 상공부 주도 아래 수력발전 단일목적댐 건설이 공표되었다. 그러던 것이 1960년에 이르러 사회적 여건의 급변에 따라 개발의 필요성이 고조되어왔고, 산업의 근대화와 수도 서울을 포함한 한강 하류부 지역의 용수 수요 급증에 따라 개발의 타당성이 제고되었고, 건설부는 소양강에 다목적댐을 건설하기로 방향을 바꾸어 한강을 위시한 4대강 유역 종합개발계획을 수립했는데 첫 번째 건설한 댐이 소양강 다목적댐이다.[4]

소양강댐 정상부에 조성된 산책길을 걷다 보면 '국가 발전의 초석 소양강댐'이라는 문구를 곳곳에서 볼 수 있다. 소양강댐[5]은 애초에 '서울을 포함한 수도권'에 각종 용수와 전력 공급을 하고자 건설된 댐이다. 경부고속도로, 서울 지하철 1호선과 더불어 성장 위주의 경제정책을 펼쳤던 박정희 정부의 3대 국책 사업으로 손꼽히는 중요한 건설 사업이었다.

그런데 왜 춘천이었을까? 북한강과 소양강이 합류하는 지점인 만큼 유량이 월등히 풍부한 데다가 댐 건설에 적합한 협곡과 기초 암반이 있는 지대라는 것이 일차적으로

1960년대 4대강 유역 종합개발계획에서
춘천 소양강이 첫 번째 대상이 된 것은,
물의 양이 월등히 많았던 데서 비롯된다.

춘천의 골짜기에 다수의 댐이 들어설 수 있었던 이유다.

소양강댐 이전에 춘천댐(1965년), 의암댐(1967년)까지 연이은 댐 건설은 많은 일자리를 만들어내며 지역 경기를 활성화시킨 측면이 있다. 소양강댐 공사에만 연인원 600만 명이 투입되었다고 하니 공사 규모는 현실 감각을 잃게 할 만큼 어마어마했고, 애초에 인근 지역 인구만으로는 감당이 안 되는 일이었다. 전국의 기술자와 노동자가 춘천으로 몰려들었다. 댐이 완공된 후 다른 댐 공사지로 다시 이주한 인구도 상당하다지만 10여 년 가까이 지속된 크고 작은 댐 건설이 춘천의 도시 규모를 확장시킨 것은 확실하다. 댐 자체가 압도적인 위용이 있는 데다가 댐으로 인해 형성된 호수가 이곳의 대표적 관광자원이 된 것도 지역에 미친 긍정적인 영향이다.

그렇지만 마냥 좋을 수만은 없었다. 몇몇 사람들은 댐 주변이 자연환경 보전지역으로 묶이면서 재산권 침해가 발생하고 산업 발전이 저해된 것을 지역 성장의 큰 걸림돌로 꼽는다. 내가 볼 때 무엇보다 큰 손실은 소양강댐 건설로 인해 50km^2의 면적이 수몰되면서 인제, 양구, 춘천의 3개 군 지역에서 6개 면 38개 리 주민 1만 8,546명이 수몰로 인해 이주해야만 했다는 점이다. 춘천만 따지면 2개 면 2개리에서 3,800여 명이 이주했다. 춘천댐, 의암댐 이주민까지 합하면 그 수는 더 늘어난다. 주요 댐이 건설되던 1960, 70년대 당시 상대적으로 도시 개발이 덜 된 지역이라 댐 건설로 수몰되는 지역에 배상해야 했던 비용이 적었던 것도 춘천에 대규모의 댐들이 들어설 수 있었던 데 간과할 수 없는 요소라고 했다.

소양 소녀의 눈물이 추억으로 남으려면

수몰 이주민의 숫자가 많아서 놀랐느냐 하면 그도 그렇지만, 자꾸만 '나에게 닥친 일이었다면…' 하고 그 순간을 더 들어보면서 숫자의 많고 적음과 관계없이 마음이 서늘해졌다. 살던 곳이 수몰되어 이주를 해야 하는 것은 단순히 거처가 바뀌는 데 그치지 않는다. 터전을 잃는 일이었고, 삶이 어디로 흐를지 종잡을 수 없게 되어버리는 일이다. 그러나 당시 수몰 이주민들에게 주어진 것은 일회성 대물 보상과 5인 가족 기준 1만 2,500원으로 책정된 '이향 위적료' 정도에 불과했던 것으로 알려져 있다. 지금의 화폐 가치로 따졌을 때 26만 원 정도밖에 안 되는 액수다.

댐이 들어선다는 소식이 들리자 조용하고 평화롭던
시골마을에 한바탕 소용돌이가 휘몰아쳤다. 수몰 보상이
가져온 혼란이었다. 토지를 가진 사람은 토지에 등급을
매겨 보상을 해줬다. 하지만 땅 한 평 가지지 못한 사람들은
보상비 규정 내에서 지급되는 이주비만 챙겨 나가야 했다.
땅을 가진 사람들도 배분 문제로 서로 갈등이 생겼다.
보상금 문제는 한동안 사람들 사이를 반목시켰다. 지금껏
겪지 못한 어두움이 거기 있었다.[6]

보상금을 두고 다투는 일이나 보상금을 허투루 쓰는
거야 개개인의 욕심과 잘못이겠지만, 보상금을 받아야 하
는 상황을 맞닥뜨린 것만으로 이미 많은 삶이 휘청거렸다
는 것을 짐작하게 된다.

2022년 12월 20일 춘천인형극장에서 수몰 이주민의
애환을 담아낸 뮤지컬 〈소양소녀〉[7]가 초연되었다는 이야
기를 들었을 때 설핏 춘천에는 '물의 도시'로 상징되는 수
자원과 그 환경에 자부심을 가지고 있는 것만큼 수몰 이주
민에 대한 위로와 공감의 공통된 정서가 존재하나 보다 하
는 생각이 들었다. 그런데 작품을 연출한 극단 이륙의 안준
형 대표[8]는 뜻밖의 이야기를 들려주었다.

몇 해 전(2015) 유례없는 가뭄으로 소양강댐 상류 지역이
바닥을 보인 적이 있어요. 그때 수몰된 마을들, 누군가가
살았을 집터를 비롯하여 생활의 흔적들이 드러나며
한창 뉴스 보도가 됐습니다. 저는 그것이 지역사회에서
하나의 사건이었다고 느껴요. 상당히 이슈가 되었습니다.
문화예술계 쪽 사람들이 쩍쩍 갈라진 댐 바닥에 가
기우제를 지내기도 했고요. 저도 〈소양소녀〉를 준비하며
그때 뉴스에서 본 장면들이 다시 떠올랐고, 심한 가뭄에 옛
집터들이 드러나는 것으로부터 이야기를 시작하게 됐어요.
소양강댐이 1973년에 완공됐으니 지금 40대만 해도
태어났을 때 이미 소양강댐이 있었어요. 그러니까 우리
지역에 댐이 있다 정도이지 막 특별하게 생각한다거나
그렇지는 않아요. 솔직히 지역사회에 수몰 이주민에 대한
공통된 정서가 있느냐는 질문에는 '없다'라고 답을 하게
됩니다. 실제 〈소양소녀〉 공연을 본 60대 이상 어르신들
중에서는 한참 잊고 지냈는데 공연 덕분에 옛일들이
떠올랐다고, 이 이야기를 꺼내줘서 고맙다고 말씀해주시는
분들이 있었습니다. 그런데 관객 대부분은 우리 지역에
이런 이야기가 있었느냐고 놀라워했어요.

"솔직히 지역사회에 수몰 이주민에 대한
공통된 정서가 있느냐는 질문에는 '없다'라고
답을 하게 됩니다. 관객 대부분은 우리 지역에
이런 이야기가 있었느냐고 놀라워했어요."

극단 이류의 신지혜 기획팀장(1994년생) 역시 춘천에서 나고 자랐지만 〈소양소녀〉 공연을 보기 전까지 소양강댐 수몰의 역사에 대해서는 잘 알지 못했다고 한다.

> 〈소양소녀〉 초연 때는 극단 구성원이 아니라 관객으로
> 작품을 봤어요. 호수 따라 벚꽃 구경도 가고, 댐 근처에
> 닭갈비를 먹으러도 가지만 수몰 이야기는 새로웠어요.
> 평소에 접하지 못했던 이야기였죠. 공연을 보고는
> 소양강댐 정상부에 수몰전시관이 있다고 해서 일부러
> 찾아가 보기도 했습니다. 거기에 수몰 이주민들이 기억을
> 되살려 자신이 살던 마을을 그린 지도가 전시되어
> 있었는데 '저 물 아래에 사람이 살았구나' 하는 것이
> 생생하게 와 닿았어요. 그때부터 춘천의 댐과 호수가 좀
> 달리 보이기도 했고요.

신지혜 팀장이 본 수몰 마을 지도에는 면사무소, 학교, 목욕탕, 우체국, 막국수집, 신발가게, 사진관, 방앗간, 양조장 등 있을 것 다 있는 마을들이 물속으로 잠긴 것이 선명히 드러나 있었다.

안준형 대표는 〈소양소녀〉를 통해 당시 사회적으로 존

중받지 못했던 수몰 이주민들의 애환을 조명하고 싶었던 마음은 분명했지만 그렇다고 역사적 사실을 있는 그대로 재현하는 것이 그들의 일은 아니라고 했다. 또한 수몰 이주민들의 이야기를 슬픔, 희생 같은 관점으로만 담아내고 싶지도 않았다고 했다.

수몰 이주민들이 나라 경제 발전이라는 대의명분 아래 삶의 터전을 잃고 의지할 곳 없이 인생의 전환을 맞게 된 것은 분명해요. 그런데 자료 조사를 하면서 당시 댐이 만들어지면 내 모든 것이 다 있는 집과 마을이 물속에 잠긴다는 것을 알면서도 매일 댐 공사 현장에 나가 일해야 했던 사람들도 많았다는 걸 알게 되었습니다. 인간은 누구나 살아가는 동안에 이해의 충돌을 겪게 되고 그 속에서 애달픔도 느끼지만 그럼에도 불구하고 삶을 이어나가잖아요. 〈소양소녀〉를 통해 그런 부분들을 그려내고 싶었습니다. 다만 슬픔이 충분히 기억되어야 눈물도 추억이 될 수 있는 게 아닐까 싶어요.

소양강댐 건설은 요즘 같으면 성사되기 어려운 사업이었을지도 모르겠다. 공공사업 추진에 따라 발생하는 님비 또는 핌피 현상[9]이 없다시피 한 시대의 일이다. 당시 대다수의 수몰 이주민들은 서글프고 막막한 중에도 '나라에서 하는 일인데 어쩔 수 없지'라는 마음으로 고향이 잠기는 모습을 지켜봤다. 삶의 터전을 국가 성장의 동력을 만드는 데 내어준 사람들이 묵묵히 저 스스로 다시금 삶의 동력을 끌어내야 했던 셈이다.

그저 당연하다고 여겨지는 것들 가운데 당연하지 않은 것들이 있다. 오늘날 맑고 깨끗한 '물의 도시' 춘천이 그때의 수몰 이주민들에게 빚을 지고 있는 것처럼. 근래 들어 정부가 독점적으로 관리하고 있는 수자원의 사용과 수익을 댐 주변 지역의 피해 보상을 위해 재정립해야 한다는 목소리가 커지고 있다.[10] 소양강댐 피해 보상은 그것대로 진행되어야 하겠지만 우리 사회가 보상에 앞서 해야 할 일은 기억하는 것이어야 하지 않을까 하는 생각이 앞선다. 그때야 비로소 외형적 이미지뿐만 아니라 도시의 정체성으로서 '물의 도시'의 가치가 제대로 발하기 시작하지 않을까.

연탄재가 있는 풍경

한편, 점점 줄고 있다고는 하지만 적어도 겨우내 춘천에서 가장 도드라지는 장면을 꼽으라면 골목 어귀마다 겹겹이 쌓여 있는 연탄재다. 청정한 물의 도시, 인구 30만을 내다 보는 도청 소재지, 대단위 아파트 단지들이 병풍 두르고 있 는 도시 한가운데에 연탄이라니.

88올림픽이 열리던 해부터 연탄 일을 해온 삼천리연 탄 박상수 대표는 당시만 해도 춘천에서는 열에 아홉 집이 연탄을 땠고, 동네마다 연탄 직매소가 못해도 두세 군데씩 은 성업했다고 회고한다. 그때와 비교하면 이젠 접을 때가 된 것 같다는 푸념을 하게 될 만큼 연탄 소비량이 줄었지만 박상수 대표가 지난 한 해 동안 배달한 연탄만 36만여 장 에 달한다.

> 이제 춘천에 연탄 하는 데가 여덟 집 정도 될 거예요. 나
> 말고 세 사람이 나랑 비슷하게 하고, 나머지는 우리가 하는
> 거에 반이나 3분의 1쯤 되려나. 춘천 전체로 보면 재작년에
> 200만 장, 작년에는 150만 장쯤 소비를 했다고 보면 될
> 거예요.

춘천연탄은행에서 파악하고 있는 춘천의 연탄 사용 가구가 1천여 세대다. 연탄보일러를 사용하는 가정의 경우

1년에 1,200~1,500장 정도를 사용한다니 지난해 연탄 직매소에서 취급한 연탄 규모와 견줘보면 얼추 계산이 맞다.

우리 사회에서 적정한 수준의 에너지 소비를 감당할 경제적 수준이 안 되는 가구를 가리켜 에너지 빈곤층[11]이라고 한다. 연탄을 사용한다고 해서 다 에너지 빈곤층은 아니다. 그리고 도시가스 연결이 되어 있더라도 요금을 감당할 만큼 경제력이 없어 사용하지 못한다면 에너지 빈곤층에 해당할 수 있다. 물론 현실적으로는 선진화된 에너지 서비스를 누리지 못하는 가구들이 이에 속할 것이다. 춘천의 연탄 사용 가구만 하더라도 생활환경이 낙후된 원도심에 집중되어 있다. 도시가스관이 연결되지 않아 기름보일러나 연탄보일러를 사용할 수밖에 없는 단독주택 지역에서 주민 다수가 이렇다 할 소득이 없는 고령의 어르신들이니 기름을 때는 것 또한 여의치가 않다. 특히나 춘천은 겨울이 길고, 어르신들은 추위에 취약하니 10월부터 3월까지는 난방을 해야 한다.

그런데 연탄이 저렴하냐면 꼭 그렇지만도 않다. 2023년 기준 연탄 한 장이 850원이다. 아끼고 아껴 1년에 1천 장으로 계산을 해봐도 연탄 구매에 월 평균 7만 원이 든다. 박상수 대표는 연탄 한 장에 710원 하던 2019년까지만 해도 연탄 때는 집이 훨씬 더 많았는데 이제는 기름을 때는 집이 늘고 있다고 했다. 상당수의 가정에서 연탄 기름 겸용 보일러를 사용하기 때문에 가능한 일이다.

춘천을 포함해 홍천, 화천, 양구, 인제 등 인접 지역에 연탄을 공급하던 춘천육림연탄공장[12]이 2020년 폐업하면서 현재 춘천에서 소비되는 연탄은 대부분 서울과 경북 예천의 연탄공장에서 가져온다. 박상수 대표가 취급하는 삼천리연탄은 서울에 공장이 있다. 몇 년 사이 연탄값이 급격히 오른 데에는 운송비의 영향도 크다. 일산화탄소 배출 문제로 화석 연료 사용에 대한 부정적인 인식이 확산되면서 정부에서 연탄 제조 지원을 점점 축소하고 있는 것도 연탄 생산 업체는 물론 연탄 사용 가구에 결코 좋은 소식이 아니라고 했다.

취약 계층의 난방비 부담을 덜어주고자 정부에서 연탄 쿠폰, 에너지 바우처[13] 등의 지원 사업을 시행하고 있지만 이 같은 지원을 받을 수 있는 이들은 한정된다.[14] 복지 사각지대에 있는 분들은 에너지 사각지대 역시 피해 갈 수 없다. 지자체에서 조사하는 연탄 사용 가구보다 연탄은행에서 파악하고 있는 연탄 사용 가구 수가 더 많은 이유이기도 하다.[15] 상황이 이러하다 보니 춘천연탄은행·밥상공동체를

점점 줄고 있다고는 하지만
여전히 골목 어귀마다 겹겹이 쌓인 연탄재들.

이끌고 있는 정해창 목사는 보일러가 있어도 보일러를 가동하지 못하는 집이 상당하다고 했다.

연탄 사용 가구의 80퍼센트 정도가 홀몸 어르신들입니다. 요즘은 보일러를 가동하는 것조차 부담스러워서 바닥 난방은 전기장판을 쓰고 집 안 공기는 작은 연탄난로로 데우면서 겨울을 견디는 분들이 많아요. 또 연탄 사용 가구들이 지대가 높고 좁은 골목에 위치한 경우가 많죠. 주문을 해도 배달이 안 되는 집들도 꽤 있습니다. 제가 연탄 한 장에 250원 할 때부터 연탄 나눔을 시작했는데 그때 한 장에 천 원을 준다고 해도 배달이 안 된다는 곳들이 있었어요. 연탄을 구매할 수 있는 비용을 지원해주는 것도 중요하고, 또 후원금도 필요하죠. 그런데 겨울철에는 연탄 배달 봉사가 정말 정말 절실합니다.

사실 에너지 빈곤층이 겪는 어려움은 난방비 부담에 그치지 않는다. 정해창 목사는 에너지뿐만 아니라 다른 생활여건이 좋지 못한 것은 말할 것도 없고 가장 큰 문제 중에 하나는 외로움이라고 했다. 연탄 봉사를 하다 보면 수개월에서 길게는 수년 동안 집 밖 출입을 하지 않는 이들을 만나게 된단다. 외로움이 우울증으로 깊어진 경우가 허다하다. 연탄은행이 반찬과 김장김치, 집 수리, 쌀이나 생활물품 등을 나누는 밥상공동체로 거듭나고 홀몸 어르신은 물론 조손가정 아이들, 거동이 불편한 분들을 아울러 돌보는 식으로 활동을 확대할 수밖에 없었던 이유라고 했다.

2003년에 연탄 봉사를 시작할 때 연탄 사용 가구가 3천 세대 정도 됐어요. 그렇게 많은 줄도 모르고 시작을 했어요. 그런데 그때만 해도 연탄이 언제까지 가겠느냐, 10년 안에 사라지지 않겠냐고 했죠. 그런데 보세요, 줄었다고는 해도 20년이 지났는데 아직 천여 세대가 연탄을 사용하고 있어요. 앞으로도 전체적인 수요는 계속 줄어들 겁니다. 생활환경이 계속해서 개선될 테니까요. 하지만 사회가 경제적으로 아무리 성장한다고 해도 모두가 다 잘살게 되지는 않아요. 우리가 주변을 계속 살펴야죠. 그런 면에서 저는 춘천 사람들의 문화적 수준이 아주 높다고 생각합니다. 춘천연탄은행이 지금까지 활동을 지속할 수 있는 것은 모두 시민들의 힘 덕분이거든요.

정해창 목사는 연탄은행·밥상공동체가 교회를 중심으

로 시작된 것은 맞지만 애초에 교회의 힘만으로는 역부족일 거라고 판단했고, 처음부터 시민운동으로 방향성을 잡았다. 실제 춘천연탄은행·밥상공동체를 후원하고 봉사에 참여하는 이들 대부분이 지역의 기관과 사업체, 그리고 일반 시민이다. 매년 4천여 명의 시민들이 연탄은행을 통해 연탄 나눔 봉사에 참여하고 있다.

연탄구이집에서 보는 연탄은 자연스러운데 연탄보일러나 연탄난로의 연탄은 옛일이라 생각했던 나로서는 춘천에서 뜻밖의 상황을 접했다. 그리고 세계는 넓다지만 사람은 모두 자기가 경험한 만큼의 세계에 살 뿐이고, 새삼내 세계는 참으로 좁디좁았다는 것도… 정해창 목사가 연탄을 두고 자신에게는 '스승'이라고 표현하며 "경험이 사람을 키웁니다"라고 이야기할 때 나 또한 고개를 끄덕이게된 이유다.

어디까지가 내 삶의 테두리일까?

물과 불, 수력 발전과 연탄, 춘천을 거닐며 이 두 가지 다른 성질의 소재를 살펴보는 동안 나는 내 삶의 테두리에 대해 생각해보았다. 그 테두리는 춘천의 수자원처럼 지역을 둘러싼 또는 관통하는 자연환경일 수도 있고, 춘천의 연탄 사용 가구와 연탄 봉사자들처럼 인적 네트워크일 수도 있다. 그렇다면 어디까지가 내 삶의 테두리일까?

앞서 이야기한 것처럼 결국 우리는 자기가 경험한 만큼의 세계에 산다. 인구 30만이 안 되는 소도시에 살면서도 세계시민으로 살아가는 사람이 있는가 하면, 메트로폴리스에 살면서도 고립된 삶을 살아가는 사람도 존재한다. 정해창 목사가 춘천 사람들의 문화적 수준이 높다고 한 것도 이곳이 문화생활을 하기 좋은 환경이고 이 지역 사람들이 전반적으로 공연·예술에 대한 이해가 깊어서 한 이야기가 아닐 것이다. 개개인이 지역사회의 일원임을 인식하고 있는지, 지역사회가 안고 있는 문제에 대해 책임감을 갖고 있는지, 다양한 문화와 배경을 가진 사람들과 더불어 살아가려는 마음이 있는지, 그 정도를 문화적 수준에 빗대어 표현한 것일 테다. 이런 맥락에서 어디까지가 내 삶의 테두리인지, 내 세계는 어떠한지 가늠해보는 일은 곧 '나는 무엇에 관심이 있는가?' '나는 어떤 문제의식을 가지고 있는 사람인가?'와 같은 질문에 스스로 답하면서 내가 어떤 사람인지를 보다 세밀하게 알아가는 과정이기도 하다.

앞으로 우리는 지금껏 우리가 겪어보지 못한 일들을

무수히 마주하게 될 것이다. 댐 건설로 터전을 잃어야 했던 수몰민들처럼 사회 전체의 이익을 위해 서럽지만 물러서야 하는 순간을, 연탄을 사용하는 고령의 1인 가구가 마주한 현실처럼 혼자의 힘으로 어쩔 수 없는 난관을 마주하지 않으란 법이 없다. 나는 제자리에서 주변을 살피는 것만으로도 저마다의 세계가 얼마든지 확장될 수 있다고 믿는다. 소양강댐 주변의 경관 속에서 현재의 아름다운 모습뿐만이 아니라 이 자원을 누리기까지의 과정을 톺을 수 있는 안목이 있다면, 신재생에너지 시대가 되었는데도 여전히 연탄 한 장이 아쉬운 이들을 위해 힘을 보태려는 마음이 있다면 말이다. 세상살이의 안목은 지식이 아니라 '관심과 성원'의 크기만큼 높아지는 게 아닐까 생각한다.

내일의 이웃을 찾아서

효자동의 태국요리 전문점 '엄마 뷔페'의 한쪽 벽면.
태국 어느 도시에 와 있다는 느낌이 든다.

내게는 '배타성'을 체감하고 이에 휘둘리지 않으려 고심했던 시기가 있다. 산 넘고 바다 건너 '유학'을 간 제주에서 보낸 대학 시절의 이야기다. 정말 유학이라 해도 과언이 아닌 것이, 내가 대학 생활을 한 2000년대 초반 제주는 지금처럼 왕래하기 쉬운 환경이 아니었다.[1] 가족과 떨어져 기댈 구석 하나 없이 홀로 지내야 했던 대학 첫 학기, 나는 학교 안에서나 밖에서나 나 자신이기 이전에 '육지에서 온 아이'로 지칭되기 일쑤였다. 육지에서 온 게 뭐라고! 이는 둘 이상의 지역에서 여러 이해관계에 따라 발생하는 지역감정과는 결이 달랐다. 제주에서 느낀 배타성은 제주를 경계로 그 안팎을 구분하는 것에 가까웠다. 친절한 제주 친구들은 제주 사람들이 워낙에 '육지것들'에게 당한 역사가 있어서 일단 육지에서 왔다고 하면 경계하고 보는 습성이 있다고 일러주었다.

대놓고 뭘 어찌한 것은 아니지만 나를 경계하고 있다는 것이 느껴지는 그 분위기는 결코 유쾌한 경험은 아니었다. 직접적인 불이익이 있기도 했다. 제주 생활 초기에, 제주 친구들보다 아르바이트를 구하는 것이 쉽지 않았다. 그런 상황이 마뜩찮았던 나는 본능적으로 내가 어떻게 해야 할지 알아챘던 것 같다. 나는 제주도 친구들이 제법이라

고 할 정도로 빠르게 제주 사투리를 익혔다. 어설프고 때
로는 실수도 했다. 가령 제주에서 어머니를 '어멍', 아버지
를 '아방'이라고 하는데 한번은 친구와 이야기를 하다가
"너네 어멍 아방은…" 어쩌고저쩌고 하자 "야 이 보라이(이
봐), 나가 나 부모신디 어멍 아방이랜 하주, 다른 사람 부모
신디 어멍 아방이랜 해불민 완전 버릇 어시게(없이) 들렴
샤"라고 말해줬다. 그런데 묘하게도 그때 그 친구는 내 실
수를 지적한다기보다 어딘가 기특해하는 투였다. 이런 과
정들을 통해 나는, '이방인'이라는 신분은 변함이 없었지
만 제법 수월하게 내 첫 이주 생활을 이어갈 수 있었다.

제주가 비교적 먼 거리라 해도 그건 '이사'에 가깝지
'이주'라고 하기엔 좀 과한 것이 아니냐고 되물을 수도 있
겠다. 개인이든 집단이든 본래 살던 지역을 벗어나 다른 지
역으로 이동하여 사는 것을 이주라고 한다. 사전적 정의가
그렇다.

다문화라는 말은 본래 다양한 문화의 상호존중과 공존을
강조하는 사상인 다문화주의(multiculturalism)에서
나온 것이다. 다문화주의는 각자의 정체성을 존중하는
평등한 관계를 전제로 한다. 특정 문화를 우위에 놓거나

일방적으로 선을 긋고 배척하는 행동과는 어울리지 않는다. 그런데 한국사회에서는 '다문화'가 사람을 지칭하는 단어가 되어버렸다. '진짜' 한국인이 아닌 사람을 구분하는 용어로 쓰이는 것이다.[2]

지금껏 우리 사회는 국적이 다른 이들의 이동을 '이주'라 보았다. 그리고 그들의 이주 생활상을 통틀어 '다문화'라고 규정짓고 그 다문화라는 것이 '나'와 '그들'을 구분하는 기준이라고 생각해온 경향이 있다. 하지만 다문화주의란 '다양한 문화의 상호존중' 그 이상도 이하도 아니다.

여기서 다문화라는 키워드를 꺼내는 것은 내가 이방인이라는 관점에서, 지금 살고 있는 서울이 아닌 다른 지역으로 다시금 이주를 준비하고 있는 입장에서 춘천을 관찰해왔기 때문이다. 또한 이는 인구 유입에 적극적인 춘천이 직면한 아주 중요한 사회적 현상이기 때문이다. 실상 우리나라도 다문화사회로 접어들었다는 표현을 언론 보도를 통해 심심찮게 접해왔음에도 내가 정말 다문화사회의 일원이라는 체감은 하지 못했는데, 춘천을 오가는 동안 나는 꽤 자주 다문화를 감지할 수 있었다.(서울에 절대적으로 더 많은 수의 외국인이 체류하고 있는데도 서울은 '글로벌시티'라고 하지 '다문화도시'라고 하지 않는다는 것 또한 우리 사회가 견지해온 태도를 가늠케 한다.)

다만 지금 우리에게 필요한 것은 어디까지가 이주의 범주이고 무엇이 다문화인지에 대한 기준이 아니라 '질문'일 듯하다. 국적이 같고 다름의 여부를 떠나서 '나'와 '나 아닌 것'을 구분하려는 시도를, 그 벽을 얼마나 무너뜨릴 수 있는가 하는 질문. 다문화는 거스를 수 없는 조류가 되었고, 우리의 생활문화에 직간접적인 영향을 주고 있다. 더구나 인구 유입을 중요시하는 춘천이기에 다문화는 적어도 춘천 시민들에게 필연적인 미래이기도 하다.

나는 조심스러우면서도 과감하게 춘천의 이주민들에게 다가갔다. 내가 만난 춘천의 이주민들은 앞으로 우리 사회의 구성원들, 나아가 내 이웃의 면면이 얼마나 혹은 어떻게 달라질지 떠올려보게 했다.

꼭 한군데에서 오래 살아야 할 이유는 없다

셰르파 상게(Sherpa Sange) 씨는 2015년 네팔 카트만두에서 춘천으로 이주했다. 상게 씨가 이주를 결심한 것은 그해 4월에 일어난 진도 7.8 규모의 강진 때문이다. 아들이 태어난 지 1년이 채 안 된 시점이었는데 생필품조차 제대로 구할 수 없을 만큼 현지 상황이 좋지 못했다. 아내와 아들을 먼저 한국으로 보냈고 주변 정리를 한 후 그도 한국으로 왔다. 춘천은 아내의 고향이고, 상게 씨는 결혼이민 비자로 춘천에 장기 체류하고 있는 이주민이다.

히말라야 등산대의 짐을 나르고 길을 안내하는 인부를 셰르파라고 한다. 상게 씨의 성씨인 셰르파가 바로 그 셰르파다. 셰르파는 네팔 동부 에베레스트산 기슭에 살고 있는 티베트계의 한 종족으로 환경에 맞게 진화된 신체 능력과 축적된 지역 정보를 바탕으로 오랫동안 히말라야 등산대의 탐험을 안내하는 역할을 해왔다. 자연스럽게 부족 이름이 직종을 가리키는 말로 확대됐다. 상게 씨도 17세 무렵부터 셰르파 일을 시작했다. 세계 최빈국 중 하나로 손꼽히는 네팔에서는 청소년들이 학업과 경제활동을 병행하는 것이 자연스럽다고 한다. 당시에는 셰르파로 2년여 활동을 해야 히말라야 트래킹 가이드 자격을 갖출 수 있었다. 상게 씨의 경우 대학 시절 히말라야 트래킹 가이드 자격증을 취득해 꾸준히 안내자 활동을 했다. 지금에야 교통 사정도 좋아지고 장비도 발달해 트래킹 기간이 많이 줄었지만, 십수 년 전만 해도 한 번 가이드를 갈 때마다 한 달가량 소요되는 것이 보통이었는데, 교수에 따라 다르긴 했지만 대체로 수업에 빠지는 것이 양해가 됐다고 한다.

네팔 트리부반 대학교에서 사회학을 전공한 상게 씨는 10년 넘게 히말라야 트래킹 가이드로 활동하면서 '다시 마을로 돌아가기'[3] 운동을 전개하기도 했다. 안정적인 직업인 교사보다도 트래킹 가이드의 수입이 훨씬 좋았기 때문에 상게 씨는 춘천으로 이주하기까지 줄곧 가이드 활동을 겸하면서 마을공동체 만들기 사업에 함께해왔다.

처음 춘천에 와서는 뭘 해야 할지 좀 막막했죠. 그때 히말라야 트래킹 가이드를 하면서 알게 된 한국분들을 많이 만났어요. 10년 넘게 가이드를 했는데 저는 유독 한국 팀을 많이 담당했었거든요. 그중에 친하게 지내는 분들도 꽤 많아서 춘천으로 이주하기 전에도 한국에 오면 연락하라고 해서 만났던 분들이 있어요. 히말라야 트래킹이 단순히 오르기 힘든 산에 다녀오는 것이 아니거든요. 산도 타지만 산 주변에 사는 사람들의 삶을 가까이에서 보고 어떤 문화적인 교류 같은 것들이 일어나니까 그 과정에서 굉장히 끈끈해지는 것들이 있어요. 그래서 춘천에 와서는 그때 알게 된 한국분들을

만나러 서울에 자주 갔었어요. 주로 제 마음에 있는
고민들을 이야기했어요. 그분들로부터 직접 어떤 도움을
받았다기보다는 그렇게 고민을 이야기할 데가 있다는 게
저한테는 큰 힘이 됐어요.

그러다가 도시농업 쪽으로 일을 하게 됐는데, 이것도 주변
도움이 컸어요. 아내가 일을 하고, 제가 육아를 맡아서
할 때였어요. 아이를 어린이집에 보냈는데 거기에 엄마
모임, 아빠 모임이 있었거든요. 아빠 모임에 가서 이야기를
하다가 내가 할 수 있는 일이 있으면 좀 알려달라고 했더니,
한 아빠가 당장 내일부터 같이할 일이 있다고 하는 거예요.
그때부터 3년 동안 강원 도시농업 사회적협동조합에서
직접 농사도 짓고, 텃밭 만들기 등의 체험과 교육 활동을
통해 도시농업을 알리는 일을 하게 됐어요.

이후에는 놀이 전문 기업 플레이 하미(Play Hami)를
창업하기도 했고요. 동네마다 놀이터가 있는데 놀이터에
노는 아이들이 없었어요. 참 이상했죠. 아이가 있다 보니
저절로 관심이 갔어요. 아이들이 휴대전화만 보잖아요.
그게 참 안타까웠어요. 어른들도 마찬가지예요. 아들을
데리고 제가 먼저 놀아줘요. 자연에서 얼마든 재미있게
놀 수 있거든요. 자연스럽게 지인들도 함께 어울려 다니게

됐고요. 이후에 문화도시 사업의 일환으로 진행된 '도시가 놀이터' 같은 공공 지원사업을 통해서 놀이 강사로 활동하면서 놀이사업을 시도해볼 수 있었죠. 저는 트리 클라이밍 프로그램을 많이 진행했어요. 트래킹 가이드를 하려면 클라이밍 자격증도 있어야 하는데 그런 것들이 많이 도움이 됐죠. 물론 사업이 쉽지는 않았어요. 특히 저는 행정적인 일처리에서 어려움을 느꼈어요. 놀이 활동은 제가 진짜 잘하고 싶은 일이고 2~3년 열심히 했지만 지금은 못하고 있어요. 3개월 전부터는 건설 분야에서 철근·골조 관련 일을 시작했습니다. 한국에 와서 여러 일을 해봤는데 이쪽 분야가 저에게 잘 맞는 것 같아요.

상게 씨의 이야기를 듣는 동안 나는 그에게서 묘한 여유로움과 자유로움을 느꼈다. 앞으로 건설 쪽으로 전업해 계속 춘천, 꼭 춘천이 아니더라도 한국에서 생활할 계획인지 묻는 말에 "일단은요"라는 그의 대답이 결정적이었다. 아들이 초등학교를 졸업할 때까지는 아마도 한국, 춘천에서 지낼 계획이지만 그사이에 또 다른 일을 하게 될 수도 있고, 그 이후에는 어디로든 갈 수도 있을 거라고 했다.

어디에 딱 고정해서 살지는 말자, 그런 걸 정하지 말자, 아내와 나는 그렇게 시작했어요. 그다음에 갈 곳이 네팔일 수도 있고, 다른 곳이 될 수도 있을 거예요. 물론 다른 곳으로 가는 것이 쉽지만은 않겠죠. 그런데 계속 한군데서만 살아야 하는 건 좀 재미가 없지 않을까요?

무언가 새로운 도전 앞에서 머뭇하게 될 때면 상게 씨를 떠올리게 될 것 같다. 그래, 어디에서 태어났든 어디에서 살아가든 누구나 자신의 삶을 주체적으로 살 수 있어야 하는 게 당연한 것이지. 나는 상게 씨를 통해, 이주민을 '스스로 삶의 조건을 바꾸는 과감한 선택을 한 존재들이자 변화에 대한 두려움을 떨쳐내고 새로운 시도를 한 용감한 사람들'로 다시 보게 된다.

시혜가 아닌 선한 마음이 가진 힘

춘천 시내의 제일종합시장에 갔다가 1층 광명시술원 외벽에 내걸린 현수막을 보고는 마음이 뭉근해졌다. 그래서 무턱대고 "실례합니다" 하고는 시술원 문을 열었다. 현수막에는 '외국인(농업) 노동자 무료 시술해드립니다' 문구가 큼지막하게 적혀 있었다. 농협 전무로 정년퇴직한 박광열 원장은 농촌 마을에서 일하고 있는 외국인 노동자들의 어려운 형편을 가까이에서 봐왔던 터라 조금이나마 도움이 될까 하여 현수막을 내걸었다고 했다.

이야기를 듣고 보니 더 궁금해진다. 농협 전무로 일했던 분이 시술원을 운영하게 된 것부터가 시작이다. 박광열 원장은 중년에 접어들면서 건강에 이상이 생겨 한쪽 눈의 시각계에 손상을 입었다. 평소 침·뜸에 관심을 갖고 공부해온 그는 퇴직 후 중도실명자로 시각장애 특수학교인 강원명진학교에 입학해 이료재활 전공으로 침술과 안마 등의 직업교육을 받았다. 졸업 후 국가공인 안마사 자격증을 취득하고 2019년부터 광명시술원을 운영하고 있다. 그이의 삶 이력을 듣다 보니 박 원장의 '손실된 삶'이 이주노동자들의 손실을 고쳐줌으로써 채워지고 있다는 생각도 들었다.

내가 농협 다닐 때 말이야, 농촌 현장에 자주 가게
되잖아요. 그때 농업 노동자들을 많이 보게 됐어요. 물론
여러 어려움이 있었을 텐데 내 보기에 이 사람들이 아파도
병원 가겠다는 소리를 못 하더라고. 뭐 대단한 치료가

다짜고짜 문을 열고 "이 현수막 혹시 봉사활동하시는
거예요?"라고 물었을 때 박광열 원장은 당연한 걸
뭘 물어보느냐는 듯 "그럼!"이라고 답했다.

필요한 것도 아니고 침 한 번 맞으면 금방 나아질 정도인 경우가 많아요. 그런데 병원에 가면 서로가 복잡해지잖아. 그러니까 그냥 참는 거야. 그게 참 애처롭게 느껴졌어요.

그러나 실제 시술을 받고 싶다고 찾아오는 외국인 노동자는 드물다. 박 원장은 시술원이 그다지 알려지지 않았고, 코로나19로 계절근로 노동자들의 입국이 일시 중단된 영향도 있을 테지만, 알려진다 해도 그네들이 쉬이 찾아올 수 있는 형편도 아닐 거라고 했다.

오기가 쉽나 뭐. 지난해에는 중국인 몇이 왔다 갔는데, 일단은 일하는 집에서 가라고 해줘야 움직일 수가 있고, 또 여기까지 오는 것도 일이잖아요. 쉽지 않지. 아직까지는 어쩌다 한두 사람이 오는 거야.

그래도 외국인 노동자들이 많이들 와서 도움받기를 바라시는 거 아니냐는 말에 박 원장은 호탕하게 웃으며 '많이 오면 그것도 골치 아파지지'라고 했지만, 그런 생각이었으면 애초에 현수막을 내걸지 않았을 거라는 걸 안다.

내가 처음 광명시술원 현수막을 보게 된 건 어느 지역

돼지 축사 귀퉁이에서 먹고 자며 10년간 일하던 60대 태국인 노동자가 숨진 후 농장주로부터 야산에 유기된 채로 발견되었다는 뉴스가 보도되던 때였다. 처음에 문을 열고 인사드리면서 "이 현수막 혹시 봉사활동하시는 거예요?"라고 물었을 때 박광열 원장은 당연한 걸 뭘 물어보느냐는 듯 단호하게 "그럼!"이라고 답했다. 나는 그 짧은 한마디에 순간 울컥하고 말았다. 그때 나는 세상엔 좋은 사람들이 (더 많은 것까지는 모르겠지만) 있고, 그게 우리를 좋은 방향으로 이끌고 있다는 생각을 했던 것 같다.

이미 우리는 다문화사회에서 산다

실제 춘천의 거리에서 마주치게 된 이주민은 많지 않았지만 이주민의 생활상을 짐작케하는 것들은 꽤 많았다. 먼저 남춘천역 인근 왕복 5차선 대로변을 걷다가 무심결에 '타이 마트'라는 간판을 발견했다. 취향 혹은 호기심으로 외국 식재료를 구매하려는 한국인들을 겨냥한 마트가 아니다. 네이버나 구글 애플리케이션의 스마트렌즈 번역 기능을 사용하지 않으면 한 글자도 읽기 어려운 매대의 문구들이 가게의 주 고객층을 예상케 했다. 기차역 근처이니 외국인 식자재 마트가 한 군데 정도 있을 법도 하다 싶었는데 이곳뿐만 아니라 춘천에서 번화한 지역으로 손꼽히는 퇴계동, 명동, 강원대 후문에도 외국 식자재 마트가 운영되고 있었다.

춘천 내 주요 먹자골목에서 외국인이 운영하는 음식점을 발견하는 것 또한 어렵지 않았다. 태국, 베트남, 중국 음식점 등으로 종류도 다양했다. 한국인 손님도 상당했지만 기본적으로 외국인 손님의 비중이 높고, 메뉴 구성 역시 한국화된 메뉴보다 외국인들에게 친숙한 소위 본토 음식을 훨씬 다양하게 제공하고 있었다. 이 음식점들을 중심으로 체류 외국인들의 커뮤니티가 형성되고 있다는 것을 짐작케 했다. 일부 음식점에서는 외국인 식자재 마트보다는 규모가 작지만 판매용 식재료와 생필품들을 구비해두고 있었다.

2022년 초 춘천에 모스크가 문을 열었다는 소식도 들을 수 있었다. 코로나19 이전까지 무슬림 유학생들은 학교 측의 지원으로 강원대 건물, 사범대 부설 고등학교 건물 등에서 예배를 드릴 수 있었다. 그러나 팬데믹 동안 사회적 거리두기, 격리 등의 이유로 예배 장소가 마땅치 않게 되자 독립된 예배 공간이 절실해졌고, 한 파키스탄 사업가의 도움으로 임대보증금을 지원받아 동부시장 근처 상가 한 개 층을 임대해 모스크를 마련하게 됐다. 매일같이 기도하러 오는 무슬림들이 있지만 아직까지 춘천 모스크는 비공식적 공간이다. 간판도 내걸지 않았다. 건물주와 주변 상인들은 호의적이지만 혹여 지역사회에서 부정적인 의견이 터져 나오고 그것이 공론화되는 것에 대한 부담이 있다고 했다. 대구 경북대 인근에 모스크 건립을 둘러싸고 유학생들과 주민들 사이의 갈등이 수년째 지속되고 있는 것이 상당한 영향을 미친 것으로 보인다.[4]

'아무것도 모르니까 집에만 있어'라는 말

2021년 4월 춘천 약사동에 강원이주여성상담소[5]가 문을 열었다. 이주여성상담소는 위기 상황에 직면한 이주여성에게 사회적 안전망이 되어주는 인권보호기관이다.

상담소의 탁운순 소장을 만난 자리에서 나는 참 바보 같은 질문을 해버렸다. 상담소가 생겼다는 것은 폭력을 비롯하여 위험에 노출된 이주여성이 많다는 것, 또 그 피해가 심각한 수준이라고 봐야 하는 것인지 말이다. 탁운순 소장은 이주민 가정에 특별히 어두운 구석이 있다고 확대 해석

내일의 이웃을
찾아서

245

하는 것을 경계했다. 설사 그것이 사실일지라도 그들의 환경을 하나의 고정된 틀로 규정해선 안 된다고 말했다.

> 각 시군마다 가정폭력상담소가 운영되고 있어요. 절대 다수의 한국 가정에서 가정폭력이 발생하기 때문에 상담소가 설치되는 것이 아니죠. 열 명 중에 한 명 꼴이라도 사회적 개입이 있어야 그 한 명이 구조받을 수 있어요. 그러니까 가정폭력상담소는 많고 적음의 문제가 아니라 가정폭력이 존재하기 때문에 필요한 영역입니다. 이주여성상담소도 같은 맥락이에요. 이주여성과 그 가족들이 어떤 경우로라도 타인으로부터 자신의 권리를 침해받지 않고 우리 사회에서 살아갈 수 있도록 지원하고 있습니다.

2022년 기준으로 강원 지역 전체 등록외국인 가운데 여성은 7,973명이다. 같은 해 강원이주여성상담소의 상담 건수는 6,647건으로, 상담받은 이주여성의 수는 400여 명으로 집계됐다. 정리하자면, 가정폭력을 예로 들면 한 사람당 평균 15차례, 많게는 20차례 이상의 상담과 그에 따른 지원이 이뤄졌다.[6] 그 횟수를 모두 포함하여 상담 건수가

집계된 것이다.

결혼이민(F-6) 비자를 발급받아 입국한 이주여성의 경우
한국인 배우자의 아내로, 아이들의 엄마로만 우리나라에
거주할 수 있는 권리가 주어집니다. 자신이 선의로
결혼 생활을 잘 이어가고 있다는 것을 일정 기간마다
국가로부터 검증받아야 하고요. 자기 자신으로 살아갈
수가 없는 환경이에요. 애초에 결혼을 할 때부터 평등한
관계가 아닌 데서 발생하는 여러 어려움이 있습니다. 대개
남편이 권력을 행사하는 위치에 있고, 외국인 아내들은
일상생활 전반에서 자기 결정권을 갖지 못한 채 통제받는
경험을 합니다. 신체적인 폭력 못지않게 경제적인 통제가
가장 흔하게 나타나고요. 경제적 통제보다 더 심각한 것은
'한국에 대해 아무것도 모르니까 집에만 있어'라면서
이주여성들을 사회적으로 고립시키는 것이죠.
근시적으로 보면 이주여성들이 이 과정에서 겪게 되는
피해와 상처가 눈에 보이겠지만 사실은 모국을 떠나오게
된 배경에서부터 여러 어려움을 겪었을 가능성이
높습니다. 이 때문에 사회나 가족을 원망하기보다는 자기
힘을 길러 결국은 자기 존중감을 갖고 이 사회에서 잘

춘천 내 주요 먹자골목에서 외국인이 운영하는
음식점을 발견하는 것은 어렵지 않다.

살아갈 수 있도록 하는 것이 저희의 일이에요. 그래서 개별 상담 외에 치유 회복 프로그램까지 진행하고 있습니다. 또 이주여성들 간의 유대 관계와 지지 체계를 마련하는 것이 중요할 거라 판단해 상담소 일부 공간을 제공하면서 커뮤니티 활동도 장려하고 있어요. 이는 상담소의 문턱을 낮추는 일이기도 합니다. 상담소가 문제가 생겨서 가는 곳이라는 낙인을 찍어서는 안 될 거라고 판단했습니다.

결혼이민(F-6) 비자를 발급받아 입국하는 이주여성 대부분은 중개업체를 통해 소개받은 한국인 남성과 국제 결혼을 한 경우다. 이러한 형태의 국제결혼이 추진된 데에는 1990년대 한국과 개발도상국이 처해 있었던 각각의 사회구조적 문제가 반영되어 있다. 당시 한국에서는 '농어촌 총각 장가 보내기 운동'이 여러 지방자치단체에서 경쟁적으로 추진되었다. 이때 한국 남성들이 국제결혼을 진행하는 데 필요한 비용과 중개료 등을 지출하는 데에서 매매혼이라는 오해와 편견이 생겼다.

한국인 남녀 사이의 중매결혼, 결혼정보업체를 통한 성혼은 매매혼이라 하지 않으면서 왜 같은 구조의 국제결혼은 마치 한국인 남성이 외국인 여성을 소유하는 형태로 인식되는 것일까. 내국인 간의 결혼에도 돈은 필요하다. 무엇이든 N분의 1을 해야 평등한 것은 아니다. 결혼과 함께 한국에 입국한 외국인 여성은 자신이 살던 곳, 자신이 살아온 모든 배경들을 뒤로하고 남편 한 사람에 의지해 새로운 환경에 적응해야 한다. 가부장적 질서가 공고한 한국 농촌사회로 이주한 외국인 아내에게는 가치관, 언어, 음식 등 모든 것이 낯선데 이에 적응하기도 전에 출산과 양육, 가사 노동은 물론이고 농사일 또는 그에 준하는 노동을 통해 가계경제에도 보탬이 되어야 했다. 이것을 비용으로 환산하면 얼마나 될지 가늠조차 되지 않는다. 결혼이주 여성이 겪어온 어려움은 결코 개인의 문제로 치부할 수 없다.

대부분의 이주여성들이 국제결혼 과정에서 일정 금액을 받지만, 이는 사실상 서류 준비 비용 정도의 약소한 금액이라는 것이다. 실상 중개업소가 가져가는 경우가 대부분이라는 것. 즉 '돈 몇 푼에 시집온 것'이 아니라 '한국에서 잘 살아보려는 꿈과 희망'을 가지고 들어온 것이라는 이야기다. 나아가 현실의 굴레 속에서 꿈과 희망을 접을 때도 있지만 이에 좌절하지 않고 생업 일선에 뛰어들어 노동을 수행하는 '똑같은' 사람이라고 강조한다.[7]

강원이주여성상담소는 이주민에 대한 인식 개선을 위한 노력을 계속해왔다. 유관 기관과 지속적으로 간담회를 갖고, 강연을 진행하기도 한다. 처음에는 지역사회에 상담소의 업무를 이해시키는 데 어려움을 겪기도 했다. 국민 세금을 왜 그런 데에다 쓰느냐는 힐난도 있었고, 오히려 내국인들이 상대적인 박탈감을 느낀다고 말하는 이들도 있었다. 한국 남자 돈만 보고 와서는 도망가는 여성들도 많지 않느냐는 말도 서슴없이 했다. 해를 거듭하면서 처음과 같은 저항은 상당 부분 줄어들었다. 경찰서, 소방서, 보건소 등 유관 기관과의 네트워크도 원활히 이루어지고 있다.

탁운순 소장은 이주여성을 포함한 이주민 정책이 시혜적인 차원이 아니라 '자유와 평등'이라는 우리 사회의 기본 권리로 이해되어야 한다고 말한다. 그리고 그는, 이러한 맥락에서 이주여성상담소의 역할은 이주여성들에게 어떤 문제가 발생했을 때 단순히 문제를 해결해주는 것이 아니라, 이주여성과 그 가족들이 한국사회에서 여러 사회적 연결망을 가지고 다양한 선택적 정보를 누리면서 잘 살아갈 수 있도록 지원하는 것이라고 힘주어 말한다.

이주민이 꼭 외국인인 것만은 아니다. 내국인 중에서도 귀촌·귀농을 한 이웃 역시 이주민이라 볼 수 있다. 그런데 춘천에서 생각지 못했던 이주민의 존재를 마주했다. 북한이탈주민이다. 강원 지역에 거주하는 북한이탈주민 비율은 인구 전체의 2.9퍼센트 수준이니 결코 많다고 할 수 없다.[8] 이런 배경을 공부하던 중에, 북한이탈주민 그리고 제3국 출생 청소년·청년을 위해 설립된 직업교육 대안학교가 춘천에 있다는 정보를 접했다. 해솔직업사관학교 이야기다.

　강원 지역 언론 보도에서 심심찮게 등장하는 표현이 있다. '강원도는 세계 유일의 분단 도(道)'라는 수식 말이다. 특징이기는 하지만 처음엔 이를 어떤 맥락으로 받아들여야 하는지 아리송했는데, 해솔직업사관학교가 춘천에 설립되는 데 이 지정학적 요소가 크게 작용했다고 한다. 강원도가 분단 도라는 점과 인구 유입의 측면 등을 두루 고려해 강원도청에서 북한이탈주민을 위한 직업교육학교 설립을 고민하면서, 당시 북한이탈주민 지원 단체와 대안학교 등에서 교육사업을 하고 있었던 김영우 이사장[9]에게 학교 설립을 제안했다. 이에 김 이사장은 2013년 3월 강원도청과 학교설립 계획을 수립했고, 그해 7월 통일부로부터 사단법인 해솔직업사관학교 설립 허가를 받았다.

이사장님께서 처음 교육사업을 시작할 때만 해도 북한이탈
청소년들이 한국사회에서 이루고픈 소망 중에 하나는 대학
진학이었다고 해요. 북한이탈주민의 경우 안정적인 정착을
지원하는 차원에서 정원 외 특례입학 혜택이 주어져
검정고시를 거치면 비교적 수월하게 대학에 진학할 수
있었던 터라 초기에는 아이들이 희망하는 대학에 입학할
수 있도록 하는 교육에 주력했다고요. 그런데 문제가
있었습니다. 실상 북한에서 온 아이들이 대학 수업을
소화하기가 힘들고, 어렵게 졸업을 해도 경쟁사회에서
견뎌내기가 여간… 대학 진학을 통한 교육에는 한계가
있다는 것을 절감하게 된 거죠. 대학 졸업장보다 좋은
직업기술이 있으면 이 친구들이 어디서든 스스로의 힘으로
잘 살아갈 수 있지 않을까 생각하던 즈음에 강원도청과
연결이 됐습니다.[10]

강원도청에서 행정적·재정적 지원을 약속했지만 넘어
야 할 산이 있었다. 보조금 지원의 근거부터 마련해야 했던
것이다. 2015년 11월 「강원도 북한이탈주민 정착 지원에

관한 조례」가 일부 개정되면서 보조금을 지원받을 수 있는 토대가 마련됐다. 학교를 원활히 운영하는 데는 보조금만으로는 부족하지만 이와 같은 조례 개정은 북한이탈주민 지원에 대한 사회적 합의를 이끌어내는 과정으로 의미가 있었다. 지금까지 학교에서는 다양한 공모사업에 지원하는 한편 후원금을 통해 운영비 대부분을 충당하고 있다.

해솔직업사관학교는 집단 교육보다는 학생 개개인에게 맞춤형 교육을 실시한다. 학업 수준과 능력이 제각각이기 때문이다. 학생들은 보통 기초학습을 보완한 후 기술계 대학 진학 또는 자격시험에 도전한다. 주로 전기·산업설비·방사선·간호·요리 분야로 진출하며, 필요한 경우 대학 또는 전문학원에서 위탁 교육을 받는다. 춘천이 교육도시라는 점이 학교 운영에는 큰 도움이 된다. 중고교·기술계 및 전문 외부 교육기관으로 연계 시스템이 잘 갖춰져 있고, 은퇴 교사들이 교육은 물론 인생 멘토로서 아이들에게 좋은 영향력을 발휘하고 있어서다.

해솔직업사관학교는 석사동에서 건물 한 개 층을 임차해서 사용하다가 2021년 퇴계동 신축 교사로 옮겨 왔다. 비용만 생각했으면 시골로 갔어야 하지만, 처음부터 무조건 도심 가까이에 캠퍼스를 짓기로 결정했다. 시골에 지어

해솔직업사관학교는 아이들이
고립되지 않고 이 사회의 구성원으로
자연스럽게 생활할 수 있어야 한다는 생각에서
춘천 시내에 교사를 마련했다.

놓으면 '북한과 다를 게 없다'고 생각했던 것이다. 직업기술을 가르치고 배우는 것도 중요하지만 아이들이 고립되지 않고 이 사회의 구성원으로 자연스럽게 생활할 수 있어야 했다. 이와 같은 맥락에서 학생들에게 아르바이트도 적극적으로 권한다. 다 함께 연탄 봉사, 농촌 일손 돕기 등의 봉사활동에 나서기도 한다. 아이들은 이와 같은 경험을 통해 학교에서 배우는 것이 전부가 아님을 깨우치고, 타인과 관계를 맺고 서로 도움을 주고받으며 살아가는 방법 또한 배우게 된다.

이곳은 학교이기 이전에 집이에요. 우리는 서로를 '패밀리'라고 하죠. 아이들이 입교하면 맨 먼저 건강검진부터 받게 합니다. 탈북 과정에서 겪는 고난은 물론이고 사실은 북한에서 지낼 때부터 상당한 어려움을 겪어온 아이들이거든요. 겉으로 보이는 것만이 상처가 아니죠. 내재된 상처들이 사실 더 커요. 그 마음의 상처와 한국사회에 적응하면서 겪게 되는 중압감, 스트레스를 치유하는 것을 우선으로 합니다. 졸업의 개념도 달라요. 저희는 결혼을 하면 '졸업'이라고 해요. 스스로 가정을 이룰 때까지 저희가 가족이 되어주는 것이죠. 실제 가정을 이룬 학생들이 명절에 아이를 안고 세배를 오기도 하고요. 우리 아이들에게 이곳은 고향 같은 곳이에요. 춘천에 정착하는 학생들도 있고요.

코로나19 영향으로 북한과 중국의 국경 경비가 강화되면서 북한이탈주민의 수가 급격히 줄었다. 그러나 언제 어떤 이유로든 대량 탈북 사태가 발생할 수 있는 것이 우리의 현실이다. 더 멀리 보자면 통일에 대한 염원이 있잖은가. 통일을 해야 한다, 말아야 한다의 문제가 아니라 평화로이 살아갈 수 있느냐의 관점에서 말이다. 거주하는 북한이탈주민 수가 적음에도 불구하고 강원도가 이 문제를 직시하고, 춘천이 이들을 우리 사회의 시민으로 끌어안는 가교 역할을 하고 있다는 데서 새삼 지역사회의 성숙도를 감지하게 된다.

누가 내일의 이웃이 될까

절대적인 숫자가 많고 적음과는 별개로 제조업·건설업·농축산업 등을 기반으로 한 상당수의 '지방' 소도시의 경우 이주민의 노동력 없이는 지역 경제를 유지하기 어려운 실정에 처해 있다.[11] 2018년 농촌진흥청에서 조사한 「다문화 사회 생활문화 변화 실태」[12]에 따르면 농촌 지역민의 절반 이상이 음식, 언어, 문화생활 등 생활 전반에서 변화를 체감한다고 답했다.

변화를 체감하는 것과 변화를 받아들이는 것은 다른 문제다. 우리 앞에 아직까진 정답이 없는 모호한 답변들이 혼재하고 있음을 인정해야겠다. 열린 결말의 공간으로 우리의 현재이자 미래인 다문화 이야기를 이 자리에서 꺼내는 이유도 여기에 있다. 그리고 생각해본다. 지금의 나는 어떤 이웃일까? 누가 내일의 내 이웃이 될까?

낭만에 대하여

춘천을 둘러싼 자연이 마치 수채화 필터를 씌운 듯한
인상이라면 그 속에 자리 잡은 도심에는
복고적 기운이 자박하다.

사방이 산으로 둘러싸인 분지에 강이 흐르고, 그 사이 골짜기로는 크고 작은 호수가 어우러지는 춘천의 지형은 계절을 가리지 않고 나들이 행렬이 이어질 만큼 아름다운 경관을 그려낸다. '낭만이 가득한 호반의 도시'라는 수사가 꽤 오랜 기간 춘천과 짝을 이룰 수 있었던 이유가 여기에 있을 것이다. 그 덕에 춘천은 이곳에 이렇다 할 추억이 없는 이들에게도 얼마간 낭만을 느끼게 하는 도시가 된 것 아닐까 싶은 생각이 든다.

색감이 좀 달라서 그렇지 춘천의 자연 못지않게 도심에서도 낭만의 색채를 발견할 수 있다. 다만 춘천을 둘러싼 자연이 마치 수채화 필터를 씌운 듯한 인상이라면 그 속에 자리 잡은 도심에는 복고적(요즘 말로는 '레트로') 기운이 자박하다.

춘천 도심은 높고 낮은 고개를 넘나들며 동네가 형성되어 있다. 특히나 원도심은 1960, 70년대에 지어진 아담한 규모의 주택들이 지붕과 지붕이 맞닿을 만큼 촘촘하게 붙어 고개를 뒤덮고 있는 모양새가 키 낮은 담장 따라 거미줄처럼 이어지는 골목과 어우러져, 도시 한가운데라기에는 사뭇 정겨운 풍경들을 펼쳐놓는다. '낭만골목' '사색의 길' 등 골목 곳곳에 붙은 이름도 자칫 음울해 보일 수 있는 도심에 걷는 재미를 준다. 철제 대문에 둥그런 손잡이를 물고 있는 사자 문고리, 대문 위 장독대, 마당을 가로지르는 빨랫줄, 집 지키는 강아지의 충성스러운 울음 등 중장년층이라면 그네들 어릴 적, 요즘 세대에게도 다수의 영상 콘텐츠를 통해 대리 경험한 그 언젠가를 추억하게 한다. 이 때문에 발걸음은 갈수록 느릿느릿해지는데 그 순간들을 기념하려는 손놀림은 점점 재빨라진다.

빈집들 사이를 걸으며

그런데 낭만이란 게 뭘까? 누구에겐 낭만인데 또 다른 누구에겐 낭만일 수 없다면 그건 무어라 말할 수 있을까? 춘천의 원도심에서 생활하는 사람들에게도 춘천이 정말 낭만적인 곳일까 하고 되묻게 된 것은 언덕배기로 이어지는 골목 구석구석 잡초가 무성히 자라고, 출처 모를 쓰레기가 나뒹구는 빈집들이 꽤 눈에 띄었기 때문이다. 단순히 비어있는 게 아니라 폐가라고 불러야 할 것만 같은 집들이 상당하다. 왜 이렇게 도심 한가운데 방치된 빈집들이 많을까 하고 주위를 둘러볼 때면 저 멀리 하늘과 맞닿은 산등성 앞으로 삐죽 솟아오른 초고층 아파트들이 눈에 걸렸다.

1980년대 춘천 도심 외곽의 후평동, 퇴계동, 석사동 등지에 대규모 택지개발 조성사업이 진행되면서 도시의 인구는 원도심에서 외곽으로 꾸준히 분산되어왔다. 지역 내 고용과 소비의 큰 축을 형성했던 미군기지가 철수한 것도 도심 슬럼화에 큰 영향을 미쳤다. 든 자리는 몰라도 난 자리는 안다고 했던가. 2000년대에 접어들어 원도심 주거환경 개선과 지역 균형발전을 목표로 다수의 재개발 또는 재생사업이 추진되고 있지만, 사람들이 하나둘 떠난 동네에서 새로운 움직임이 힘을 얻기란 쉬운 일이 아니다. 그렇게 원도심에는 빈집들이 늘어가고 있다.

여기 빈집들 오래됐지. 십 년도 넘은 집들이 수두룩해. 내가 이 동네에서 평생을 살다시피 했는데 이제는 집주인이 누군지도 모르는 빈집들이 많아. 원래 살던 사람들 중에는 세상 먼저 떠버린 사람이 많고. 그 자식들이 집을 물려받았는지 어쨌는지는 몰라도 살던 사람들 죽고 나면… 젊은 사람들은 다 나갔지. 서울이든 어디든 더 큰 도시로 가고, 춘천에 살아도 저기 저 아파트가 살기 좋잖아. 여기에 재개발 이야기가 나온 지 꽤 됐는데, 재개발이 된다 만다 하니까 당장 다른 데 살 집이 있는 사람들은 이 동네에 있는 집은 그냥 놔둔다고. 누가 여기 집 좀 보고 싶다고 해도 집주인이 나타나질 않아요. 집주인 찾는 게 일이야. 이게 문제라고. 동네가 다 망가져버렸어.

약사동 골목에서 만난 동네 어르신의 말처럼 동네가 듬성듬성해졌다. 춘천시 일반 가구의 주택 유형별 통계를 보면 2005년만 해도 단독주택이 4만 6,748가구, 아파트가 4만 886가구였는데 2021년에는 단독주택이 4만 6,071가구, 아파트가 6만 8,197가구로 단독주택 거주는 줄어든 반면 아파트 거주는 폭발적으로 늘었다.[1] 전체적인 흐름을 보면 2000년을 기점으로 단독주택보다 아파트가 우위를 보였고, 단독주택은 점점 감소하는 추세다. 단독주택이 밀집한 원도심 학교 언저리에서 아이들의 목소리가 옅어진 이유이기도 하다. 40년 넘게 한자리에서 문을 열고 있는 문구점에도 뽀얗게 먼지 앉은 매대가 많다.

애들이 없어서 학교도 문 닫을 판이에요. 다들 외지로 나가고, 아파트 단지로 빠지고. 작년에는 그 뭐냐, 애들 가지고 노는 '액체 괴물' 그거 찾는 애들은 좀 있었는데… 이제 이 동네는 원룸촌이 됐어요. 그나마 근처에 강원대가 있어서. 나야 여기 사니까 매일 문을 열어두고는 있는데 손님 없는 날이 많지. 애들 방학 때는 더 그렇고.

올해 1학년 입학생이 10명이 채 안 되는 효자동 효제 초등학교 앞 문방구는 언제까지 문을 열 수 있을까? 이미 빈 가게도 많지만 문을 연 가게들 중에도 오는 이는 단골밖에 없다며 '전화주세요' 메모만 남긴 채 가게 가까이에 있는 집에서 왔다 갔다 하는 경우가 더러 있었다. 이런 상황에서 '낭만골목' '사유의 길'이라 적힌 이정표를 보는 동네 사람들의 마음이 어떨지 잘 가늠되지 않는다. 그렇게라도 낯모르는 사람들이 찾아와 동네의 묵은 시간들을 추억하는 것이 반가울까? 성가시게만 하지 않는다면 이러나저러나 별 상관 없으려나?

낭만과는 거리가 멀게만 느껴지는 도심 빈집은 춘천뿐만 아니라 전국적으로 증가하는 추세다. 사실 빈집 문제는 농어촌에서 먼저 시작됐다. 1960년대부터 도시를 중심으로 산업이 발달하면서 이촌향도 현상이 두드러지게 나타났기 때문이다. 도심의 빈집은 그 시기가 좀 늦어졌을 뿐 충분히 예상 가능했던 문제다. 도시로 밀려든 인구는 결국 포화 상태에 이르렀고, 필연적으로 도시는 외곽으로 확장

됐다. 그런데 우리 사회는 저출산으로 인해 고령화와 인구 감소가 심화되는 상황이다. 도심의 비싼 집값, 각종 공해 등의 스트레스로부터 벗어나 더 나은 삶의 환경을 누리려는 사람들이 외곽으로 이동해 신시가지를 형성하면서 원래 머물던 도심 공간은 비는 게 당연해졌다. 일은 도심에서 하더라도 거주지는 교외에 마련하는 직주분리 현상은 도심 공동화와 함께 '노후된 빈집'이라는 또 다른 사회적 문제를 발생시켰다.

도심 빈집이 동네 미관을 해칠 뿐만 아니라 사고나 범죄 등 치안 불안에도 상당한 영향을 미치자 2017년 2월 정부는 「빈집 및 소규모 주택 정비에 관한 특례법」을 제정하게 된다. 이 법률에 근거해 빈집 실태조사가 실시되고 있다. 전기, 상수도 사용량이 없는 주택을 대상으로 1년 이상 빈집을 집계하는데 여기서 미분양 주택, 공공임대주택, 일시적으로 사용하는 별장 등은 제외한다. 2021년 기준 국토교통부에서 집계한 전국의 빈집은 10만 8천여 가구에 달한다.[2]

춘천만 해도 이제 농촌 지역보다 도심에 빈집이 더 많다. 2022년 춘천시에서 자체적으로 조사한 빈집은 모두 731채로 도심에 426채, 면 지역에 305채가 있다. 도심에서

낭만과는 거리가 멀게만 느껴지는 도심 빈집은
춘천뿐만 아니라 전국적으로 증가하는 추세다.

도 효자동이 89채로 빈집이 가장 많다.³ 문제는 도심 빈집이 점점 더 늘어날 거라는 점이다. 춘천은 1일 출생자(4.4명)보다 사망자(5.2명)가 더 많고, 고령화인구는 점점 늘어간다. 특히 원도심의 고령화는 밀도가 높다. 춘천시의 65세 이상 고령자 인구 비율이 17퍼센트 남짓인데 원도심 주요 행정동인 효자동은 20퍼센트, 약사명동은 30퍼센트, 소양동은 40퍼센트를 넘어서고 있다.⁴

빈집에 대한 새로운 접근 1
— 빈집은행 —

가끔 참 신기하면서도 헛헛한 기분이 드는 건 한국의 주택 보급률이 102.2퍼센트나 된다는데 왜 내 집은 없는가 싶기 때문이다. 자가 보유율은 60.6퍼센트에 그치는 것으로 보아 나만 유달리 게을러 내 집 마련의 꿈을 못 이룬 것은 아닌 것 같지만 그리 위로가 되지는 않는다.⁵ 그런데 이런 판국에 빈집이 문제라니… 이건 그리 낭만적인 상황이 아닌데 한편으로는 그 빈집 중에서 내 집을 찾을 수도 있지 않을까 싶은 묘한 기대감이 생기기도 한다.

내 집 마련의 꿈이 우리 사회의 화두가 아니었던 적

이 있었던가. 몇 해 전부터는 다양한 방법으로 내 집 마련의 꿈을 실현하는 이야기들이 '집방'이라는 방송가의 새로운 장르로 부상해 인기몰이를 하고 있다. 그 가운데 시즌제로 이어질 만큼 화제가 된 방송은 흉물로 방치된 빈집을 개조해 누군가의 내 집 마련의 꿈을 실현시켜주는 프로그램이다. 세간의 이목이 집중된 것은 단순히 개조 전후의 드라마틱한 변화가 놀라워서만은 아니다. 서울 도심에선 10평이 채 안 되는 원룸 전세도 '억' 소리가 난 지 오래다. 집값이 오르든 내리든, 이 글을 쓰는 내가 모은 목돈으로 장만할 수 있는 집은 서울에 없다. 영혼까지 끌어모았다고 표현할 만큼 수십 년에 걸쳐 갚아야 할지언정 최대치로 대출을 받아 집을 구매하는 '영끌'도, 소위 번듯한 직장이 있는 20~30대 맞벌이 부부들에게나 적용되는 이야기다. 그런데 빈집이라면 이야기가 좀 달라질 것만 같다.

방송의 힘을 빌리지 않고 제힘으로 빈집을 찾아, 남부럽지 않은 정도가 아니라 남들이 다 부러워할 만큼 매력적인 보금자리를 마련한 사람들도 속속 등장하고 있다. 동영상 플랫폼에는 '시골 빈집의 대변신' 'ㅇㅇ만 원에 산 폐가를 말도 안 되게 고친 이야기' 'ㅇㅇ년 방치된 집 역대급 리모델링' 같은 제목을 단 영상들이 대중의 환심을 산다. 찬

찬히 살펴보면 대부분의 빈집 개조가 한적한 시골마을에서 이루어지고 있다는 것을 알 수 있다. 완전히 귀촌을 하든, 5도2촌 생활을 염두에 두고 세컨하우스를 마련하든, 도시 생활의 팍팍함을 달랠 수 있는 삶의 공간에 대한 요구가 높은 가운데 도심에 비해 훨씬 너른 대지를 훨씬 저렴한 값에 확보할 수 있는 현실적인 이유까지 더해진 까닭이다. 다만 연고가 있는 지역, 이를테면 고향이나 그 주변에서 마침 한 빈집을 얻은 경우가 많고, 그게 아니라면 수개월에서부터 수년에 걸쳐 전국을 돌아다니며 부지런히 발품을 팔았다는 이야기가 있다.

상당수의 사람들이 빈집 개조에 솔깃하면서도 엄두를 내지 못하는 것이 이 지점일 거다. 아무리 저렴하게 집을 구해도 '귀촌'은 직장, 학교, 상권에서 멀어지는 것을 의미한다. 그걸 감수한다 하더라도 마음에 드는 빈집을 찾는 데까지 수년에 걸쳐 전국을 돌아다녀야 한다면 이것도 쉽지 않은 일이다. 정보도 시간도 모두 비용으로 환산되는 법이니 말이다. 이런 이유로 서울까지 한 시간 남짓 '근서울'이라는 입지, 30만 명에 달하는 도시 규모, 도농복합지역이라는 환경까지 '춘천이라면 괜찮을 것 같은데…' 하는 생각이 계속해서 내 머릿속에 맴돌았다. 그런데 부동산을 기웃

거려도 빈집 정보는 잘 없다.

그러던 중에 춘천에서 꽤 인상적인 공간을 만났다. 춘천 약사동에 위치한 '첫서재'는 한 방송국의 기자가 "이 바닥에서 살아남고 성공하는 것보다 더 가치 있는 삶에 몸을 흘려보낼 수는 없을까" 고민하다가 20개월이라는 장기 휴직을 감행하고 서울을 벗어나 춘천에서 다른 삶을 모색해보는 과정에서 마련한 '공유 서재'다.[6]

서재지기는 이곳을 '돈이 아닌 다른 것'을 얻을 수 있는 공간으로 단장하고 그에 맞게 이용 규칙을 정했다.[7] 몇 달간 비어 있던 폐가를 개조해 휴직 기간 동안만 운영하면서, 이러한 공간을 실험하게 된 이유와 과정, 이곳에서 보낸 나날들을 개인 SNS 계정에 꾸준히 기록했다. 그러자 첫서재의 문을 열기도 전에 이 공간을 기다리는 사람들이 생겨났다. 나도 그중 한 사람이었다. '다음에 춘천에 갈 일이 있으면 첫서재부터 들르겠어!' 하고 다짐할 만큼.

그는 운이 꽤 좋은 편이었다. 우연히 발견한 폐가에 마음을 빼앗겨 동네 부동산에 문의해두었는데 며칠 후 집주인 형제를 찾게 됐고, 옛집을 부수지 않고 고쳐 쓰겠다는 젊은이의 말에 고마움을 느낀 집주인 형제로부터 덕담을 건네 들으며 저렴한 가격에 집을 매매할 수 있었다. 그가

첫서재의 문을 열기도 전에
이 공간을 기다리는 사람들이 생겨났다.

매매한 집은 1963년에 지어져 1977년부터 40년 가까이 주인이 바뀌지 않은 집이고, 집주인 형제의 부모님이 돌아가신 후로는 몇 년째 놔두고 있는 상태였다. 운이 좋다고 표현한 것은 퇴계동의 한 부동산에 갔다가 빈집 매물을 문의했을 때 비슷하면서도 완전히 다른 답을 들었기 때문이다.

> 가끔 빈집인 것 같은데 좀 알아봐줄 수 없겠냐고 주소를 가지고 오는 분들이 있긴 해요. 주인들이 먼저 부동산에 집을 내놓는 경우는 잘 없고요. 재개발 문제도 있고, 소유주가 한 사람이 아닌 경우도 많죠. 부모한테 물려받았는데 형제자매들이 나눠 가진 경우에는 복잡하잖아요. 사실 빈집들은 집값이 아니라 땅값으로 치는데 이 동네는 일반 주택도 가격대가 막 높지 않으니 굳이 빈집을 찾는 사람도 많지는 않죠.[8] 빈집은 수리하는 데 돈이 더 들어가서 새로 짓는 게 나은 경우도 있고. 철거비만 해도 오백은 넘게 들걸요.

일본의 경우 날로 심각해지는 빈집 문제를 해결하고자 2014년 「빈집대책특별조치법」을 제정하고, 실태조사를 바탕으로 '아키야(空家) 뱅크'라고 부르는 빈집은행을 운영

하고 있다. 아키야는 일본어로 빈집이라는 뜻이다. 이 빈집
은행은 소유자·주민·부동산업체 등 지역의 다양한 주체들
이 제공한 빈집 정보를 공개하고, 빈집 소유자와 수요자를
중개하는 시스템이다.

　한국에도 빈집 플랫폼이 없는 것은 아니다. 2020년 한
국국토정보공사에서 '공가랑'이라는 빈집 플랫폼을 구축
해 서비스를 시작했다. 하지만 실효성을 내지 못하고 2023
년 7월 운영 종료를 알렸다. 실패의 원인은 빈집 정보 제공
보다 거래에 중점을 두고 플랫폼을 설계했기 때문으로 분
석된다. 소유주가 명확히 거래 의사를 밝히지 않는 경우 매
물 등록 자체가 어렵다.[9] 여기에 그간 국내 빈집은 해당 지
역이 도심이냐 농어촌이냐에 따라 적용되는 법이 달랐다.
그 말은 소관 부처도 다르고 실태조사 방식과 결과에도 차
이가 있다는 뜻이다. 한마디로 빈집 거래 활성화가 이루어
질 수 있는 환경이 아니었다.

　2022년에 이르러 각각 도시·농촌·어촌의 빈집 정보
를 관리해온 국토교통부·농림식품부·해양수산부 세 개 기
관이 빈집 관리 일원화 작업을 시작했다. 이와 함께 빈집
법 제정이 논의되고, 각 지자체에서 임의로 진행해오던 빈
집 실태조사는 5년에 한 번으로 의무화했다. 이를 바탕으

로 차후 도시·농촌·어촌 빈집 정보를 통합한 플랫폼 '빈집정보알림e'도 선보일 계획이다. 공가랑의 실패를 반복하지 않기 위해 빈집 정보 제공에 중점을 두고 실제 거래는 지역 부동산 업체와 연계하는 방법으로 서비스를 준비하고 있다. 일본의 아키야 뱅크와 같은 시스템이 구축되지 않을까 짐작이 된다.

빈집에 대한 새로운 접근 2

― 모두의 살롱 ―

빈집법이 제정되고 빈집 정보가 일원화되어 민간 영역에서 빈집 거래가 활성화되면 더없이 좋겠지만, 현재까지는 각 지자체에서 자체 조례를 마련해 주거가 불가능한 빈집은 '철거', 상태가 양호한 빈집은 '재생'으로 구분하여 빈집 문제에 대응하고 있다.[10]

춘천 원도심에 빈집이 생각보다 많아 놀라기도 했지만 춘천은 빈집 문제에 적극적으로 대응하는 축에 속한다는 것도 분명히 확인할 수 있었다. 춘천시에 따르면 농촌 빈집을 자발적으로 철거할 경우 시에서 최대 3백만 원까지 철거 비용의 80퍼센트를 지원한다. 도심의 빈집은 철거 비용의 100퍼센트를 시에서 부담하는 대신 일정 기간 주차장이나 텃밭, 마을 쉼터 등 공공 목적으로 활용하는 것을 전제로, 1년 이상 방치되고 1층 이하인 단독주택 빈집의 철거 신청을 받고 있다.

철거 후 빈집 터를 이용하는 것도 재생이라고 볼 수 있지만 실질적인 빈집 재생은 빈집을 정비하여 새로 누군가 거주하는 것이라 보는 것이 맞겠다. 춘천에서는 공공 영역에서 다수의 빈집 재생이 이뤄지고 있는데, 2020년 춘천문화재단에서 아르숲생활문화센터 바로 뒤편에 시민 커뮤니티 공간 '모두의살롱 효자'(이하, 모두의살롱)를 마련하면서부터 본격화됐다. 담당자의 이야기를 들어보자.

지역에 빈집들이 많다 보니 이 공간들을 활용할 수 있는 방법을 고민해왔어요. 이 빈집들을 시민들과의 교류나 문화 활동 장소로 활용할 수 있었으면 좋겠다는 이야기들이 계속 오갔습니다. 그러던 중에 아르숲생활문화센터 바로 뒤에 자리한 빈집을 발견하게 됐어요. 사실 이 센터가 시민들이 대관해서 사용하는 문화공간인데, 여기에 재단 사무실이 이전해 오면서 시민들의 대관 공간도 일부 줄고 사무 공간도 협소한 상황이었거든요. 마침 빈집이 센터 뒷문으로 바로 연결되는 곳이라 이 공간을 활용할 수 있으면 여러모로 좋을 것 같아 소유주를 수소문했고, 다행히 연락이 닿았죠. 그렇게 이 빈집을 '모두의살롱 효자'라는 공간으로 만들게 됐어요.

시민 커뮤니티 공간으로 정의되는 모두의살롱은 문화 복지 및 생활문화 차원에서 시민들이 각자의 필요에 따라 자유로이 활용할 수 있는 공간이다. 네이버 예약을 통해 이용이 가능하고, 별도의 이용료 없이 후기를 남기는 것으로 책임을 부과한다. 후기를 살펴보면 독서, 캘리그라피 등 취미 동호회 활동을 비롯하여 함께 음식을 해 먹는 사교 모임, 보드 게임을 즐기는 친구들, 미팅 장소가 필요했던 프리랜서 등 다양한 형태로 이 공간이 활용되고 있음을 확인할 수 있다.

정리하자면, 빈집 재생 사업을 해야 해서 만든 공간이 아니라 필요에 따라 빈집을 활용하게 됐고, 그 시도가 빈집 재생 사업을 구체화하는 계기가 된 사례다. 모두의살롱을 발판 삼아 도심의 빈집을 개조하여 시민 커뮤니티 공간으로 탈바꿈하는 '빈집 프로젝트' 또한 진행 중이다.

모두의살롱 2호점은 아예 '당신의 빈집을 빌려주세요'라는 캐치프레이즈로 공개 모집을 진행했고, 공모를 통해 최종적으로 후평1동에 위치한 빈집이 선정돼 '모두의살롱 후평'이 마련됐어요.[11] 모두의살롱은 최소 7년 이상 무상으로 임대하는데 임대 기간 동안의 부동산 시세 평가를 통해 산출된 임차료에 금리 등을 감안한 비용을 투입해 공간을 개조해요. 그렇게 완성된 공간은 시민 커뮤니티 공간으로 활용되다가 임대 기간이 끝나면 다시 소유주에게 돌려드릴 예정입니다.

이 방식은 빈집 소유주나 빈집 이용자에게 직접 사업 보조금을 지급하지 않고 '사용'의 관점에서 선순환을 지향하는 독일 라이프치히 사례와 닮은 점이 있다. 라이프치히에서는 2004년 설립된 시민단체 하우스할텐(Haushalten)을 중심으로 바흐터하우스(Wachterhaus)라는 빈집 재생 사업이 진행 중이다. 바흐터하우스는 '집 지키는 사람의 집'이라는 뜻으로 5년 기한으로 빈집 사용을 중개하는 프로그램이다. 구체적으로 살펴보면, 소유주는 임대료 없이 빈집을 내어준다. 세입자는 임대 기간 동안 수도세나 전기세 등의 관리비를 낸다. 소유주는 세입자가 들어옴으로써 건물 노후화를 최소화하는 동시에 향후 해당 건물이 어느 정도 수요나 활용 가능성이 있을지 가늠해볼 수 있고, 세입자는 관리비 정도만 지불하면 되기에 저렴하게 이용할 수 있으며 공간을 원상 복구할 의무가 없어 좀 더 자유로이 공간을 활용할 수 있다. 이 과정에서 라이프치히 도시재생국은 소유주나 세입자에게 직접 보조금을 지원하지 않는 대신 소유주와 세입자를 매칭하여 윈윈을 이끌어내는 하우스할텐의 활동을 지원한다.[12]

바흐터하우스와 모두의살롱은 공간 개조에 공공예산을 투입하느냐의 여부에서 차이가 있는데 이는 라이프치히 도시재생국과 춘천문화재단이라는 각 중간지원조직의 역할과 공간의 활용 방식에 따른 차이라 볼 수 있다. 바흐터하우스는 주로 주거 용도로 공간을 제공해 해당 빈집을 세입자만 사용할 수 있는 반면, 모두의살롱은 모든 시민들에게 열린 공공 문화공간으로 조성되었다.

모두의살롱은 대관만 하는 것이 아니라 자체 기획 프로그램도 운영한다. 모두의살롱 후평점에서 진행된 '심야살롱 사노라면'이 대표적이다. 월~토 오전 10시부터 오후 9시까지 운영하는 후평점은 직장인들이 이용하기에 좋은 여건은 아니다. 그렇기 때문에 공간 이용의 다양화, 새로운 만남과 관계를 형성할 수 있는 무언가가 없을까 고민하게 되었고, 야식으로 라면을 끓여 먹으며 서로의 안부를 묻고 속 이야기도 나누는 자리를 만들어보자는 아이디어가 도출됐다. 심야식당 콘셉트로 말이다.

과연 영화처럼 드라마틱한 상황이 연출되었을까? '진짜 식당도 아니고, 그 늦은 시간에 누가 올까?'라는 불안감, '나 혼자 가도 되나? 이상한 사람들만 있으면 어떡하지?' 하는 미심쩍은 마음들이 왜 없었을까. 그럼에도 '무수히 많은 밤을 뒤척였을 그대에게 선사하는 위로 한 그릇'이라는 문구에 마음이 동해버린 사람들이 모두의살롱 문을 조용히 열었다. 너무 가까운 사람들에게는 오히려 말 못 할 걱정과 근심을 털어놓으며 따뜻한 공감과 위로를 얻고자 하는 한동네 이웃들이었다.

참여자들은 불 켜진 걸 본 적 없었던 동네 빈집에서 야심한 시각 라면을 끓여 먹는 일 자체도 색다른 재미였지만 어떤 이해관계 없이 '나와 비슷한 고민의 지점들이 있는 사람들이 있구나' '내 이야기에 귀 기울여주는 사람들이 있구나'를 확인하고 함께 이야기를 나눌 수 있었던 데에 만족감을 나타냈다. 나이, 성별, 출신지, 직장 등 무리 짓거나 서열화할 수 있는 정보는 애초에 관심사가 아니었다. 서로

모두의살롱을 발판 삼아 도심의 빈집을 개조해
시민 커뮤니티 공간으로 탈바꿈하는
'빈집 프로젝트' 또한 진행 중이다.

를 별명으로 칭하며 인사를 나눈 참여자들은 누가 누구인지를 궁금해하기보다 그 만남에 이끌렸던 자신들의 속마음을 풀어놓는 데 집중했다.

이 사업들을 진행해온 담당자들은 하나같이, 그간 춘천에 붙은 '낭만 도시'라는 수식이 시민들의 삶과는 동떨어져 있었다고 말한다. 동시에 시민들이 낭만을 느끼고 누리는 주체가 되는 것이 우선이라고도 말한다. 그리하여 그들은 시민들이 낭만을 느끼고 누리려면 무엇부터 시작해야 할지를 고민하기 시작했다. 이런 생각들을 다양한 문화사업으로 구현하는 과정에서 전혀 낭만적일 수 없는 빈집이라는 물성이 낭만적인 문화공간으로 전환하는 프로젝트들이 나오게 됐다. 모두의살롱과 같은 맥락으로 빈집 또는 빈 상가를 개조한 인생공방,[13] 전환가게[14] 등 다양한 형태의 커뮤니티 거점공간이 마련되고 있다.

모두의살롱 후평점의 경우 2022년 월 평균 650여 명이 방문했다. 연령대는 30, 40대 여성 이용이 가장 많은 비중을 차지하지만 10대부터 60대까지 이용층이 고루 분포되어 있다. 주변 주민들뿐만 아니라 걸어서 오갈 수 있는 후평 2, 3동 아파트 단지 주민들까지 꾸준히 이곳을 찾는다.

모두의살롱은 동네에서 슬리퍼 차림으로 편히 이용할

수 있는 문화공간이라 할 수 있겠다. 이제 막 2년차에 접어 든 사업이라 이 이상 어떤 성과를 이야기하기에는 조심스러운 면이 있다. 그러나 계속해서 기분 좋은 일들이 일어날 것만 같은 기대감이 숨겨지지 않는 것도 사실이다. 모두의 살롱을 통해 동네에 아는 얼굴이 늘어나고, 싱긋 웃는 눈인사가, 오고 가는 안부의 목소리가 늘어간다는 것을 확인할 수 있었기 때문이다.

빈집들을 보며 낭만에 대해 생각하다

춘천 도심에만 빈집이 426채인데 이곳들을 모두 공공 문화공간으로 조성할 수는 없다. 재개발이 되지 않는 이상 철거를 하거나 거래가 이루어지는 것이 바람직한 방향일 것이다. 나로서는 조만간 빈집법이 제정되고 빈집 정보 플랫폼이 서비스되면 내게도 어떤 기회가 생기지 않을까 하고 자꾸만 상상의 나래를 펴게 된다. 그렇다면 춘천의 이 빈집들을 개조하는 데에는 얼마나 들었을까? 이참에 모두의살롱의 디자인 설계와 시공을 진행한 에임스튜디오에 빈집 개조를 할 때 염두에 두면 좋을 법한 요소들을 문의해봤다.

모두의살롱 효자는 서까래가 있는 한옥 기와집이고
후평은 일반 양옥입니다. 우선 한옥은 벽과 기둥이
대들보를 받치는 구조인데 벽을 털어서 내부 공간을
많이 바꾸겠다고 할 경우에는 보강을 한다 해도 무너져
내릴 위험이 많습니다. 기둥도 겉보기에는 멀쩡해도
목재다 보니 밑을 파내면 썩어 있는 경우가 많고요.
그럴 때는 디자인 설계에 들어가기 전 내진 설계를 해야
합니다. 보통 소유주가 리모델링 업체 견적을 의뢰하면
업체에서 집의 상태를 판단하고, 내진 설계가 필요할
경우 소유주가 별도로 내진 설계 전문 업체에 의뢰할 수
있도록 안내합니다. 철근과 콘크리트로 지은 양옥이라
해도 노후화가 심해 녹이 생겼거나 할 경우에는 위험하죠.
빈집을 저렴하게 구했다고 해도 내진 설계가 들어가야
하는 상황이라면 비용은 집값보다 더 드는 경우도
발생합니다. 물론 내진 설계가 필요하지 않고, 구조도
원래 상태를 유지하는 선에서 단열 위주로 보강하고
도배·장판·조명 정도로 마감한다면 큰돈 들이지 않고도 할
수 있고요. 그런데 옛집을 개조하는 분들 중에는 그 느낌을
굉장히 중요하게 생각해서 새로 짓는 것보다 비용이
더 든다 해도 옛 모습을 살리면서 현대화하는 방식을

선호하는 분들이 있죠. 그런 경우에는 억 대 이상으로 비용이 들어갑니다.

공사 차량이 무리 없이 진입할 수 있는지, 도시가스나 상하수도가 연결이 되어 있는지에 따라서도 비용에 차이가 발생한다. 바닥 난방을 중요하게 생각하는 한국의 주거문화에서는 도시가스 난방이 가장 경제적인데 춘천의 경우 도심에도 도시가스가 연결되어 있지 않은 주택이 많다.[15] 모두의살롱은 두 곳 모두 도시가스 배관 인입이 되어 있지 않은 상황이었다. 주거 용도가 아니므로 도시가스 인입공사를 하지 않고 전기 냉난방기를 설치했다.

모두의살롱 효자와 후평은 둘 다 빈집이긴 했지만 내진 설계를 해야 할 만큼 낡지는 않아서 디자인 설계와 현장 시공으로 빈집 리모델링 작업이 진행됐습니다. 집집마다 상황이 다르고, 규모와 소유주의 요구사항이 달라 리모델링에 얼마가 든다고 단정할 수는 없어요. 모두의살롱 후평을 기준으로 보면 전체 디자인 설계와 시공에 가용 예산이 5,500만 원[16]이었고, 그 범위 내에서 작업을 진행했습니다. 작업 기간은 한 달 반 정도 걸렸고요.

춘천에서 빈집을 구해다가 개조해서 살아보고픈 마음이 든다고 고백하자 에임스튜디오의 담당자는 "겨울에 눈 안 치워보셨죠? 춘천에 살면 겨울에 눈 어마어마한데?" 하고 웃는다. 그럼에도 마당 있는 집에 살며 때마다 풀도 뽑고, 낙엽도 쓸고, 눈도 치우며 보내는 사계절은 집 밖에서 누리는 것과는 또 다른 매력이 있을 거라고 진지하게 덧붙인다.

빈집을 활용해 다양한 '비빌 언덕'을 만들 수 있지 않을까?

앞서 살펴본 것처럼 빈집을 개조하는 데에도 상당한 비용이 든다. 모두의살롱보다 규모가 작은 빈집을 구해 인테리어를 소박하게 한다 해도 수천만 원의 출혈을 예상해야 한다. 그 과정을 거쳐 지역에서 꽤 괜찮은 거처를 마련해놓는다 해도 단번에 이주를 결심할 수 있느냐면, 여전히 잘 모르겠다. 일하지 않고도 먹고살 걱정 없는 형편이 아니라면 새로운 일자리를 구해야 하고, 일상생활을 둘러싼 모든 인간관계를 새로이 맺어야 한다. 기댈 구석, 비빌 언덕 하나 없이 단번에 이주가 가능할까? 막연하고도 두려운 일이다.

그 때문에 장밋빛 '다른 삶'을 꿈꾸다가도 웬만해서는 그저 꿈만 꾸다가 제자리에 눌러앉고 만다.

이주를 꿈꾸는 사람들이 워밍업을 해볼 수 있으면 참 좋을 텐데. 한달살기[17]를 해볼 수도 있겠다. 그러나 그저 한달 동안 지역에서 머무는 것만으로는 부족하다. 한달살기는 이주나 정주를 전제하기보다는 유럽식 장기휴가와 닮아 있다. 여러 지자체에서 추진하고 있는 한달살기 프로그램 또한 관광을 기반으로 한 지역경제 활성화 측면에서 시도된다. 이 경우 지자체가 숙박비 및 체험비를 일부 지원하고 참여자들이 지역을 알릴 수 있는 콘텐츠를 개인 SNS 계정에 등록하는 것을 의무사항으로 삼기도 한다. 참여자가 지역사회와 유무형의 밀도 높은 관계를 맺기는 어려운 구조다.

이주정책을 펼치는 지자체와 희망자 들이 참고해봄직한 일본의 사례가 있다. 시마네현에서 도쿄에 거주하는 지역 출신자를 대상으로 개설한 '시마코토 아카데미'다. 여기에서는 인구감소 시대에 지자체별로 이주 지원 정책을 전개하는 것은 소모적인 제로섬 게임이라 지적하며 관계인구 만들기를 지원한다. 관계인구란 실제로 지역에 살지 않아도 지역에 다양하게 참여하며 활력을 불어넣는 사람을 가리킨다. 체류 시간이 짧더라도 지역의 팬이 되어 사회적 영향력을 미치는 존재라는 측면에서 일시적 체류에 그치는 관광객과는 차별화된다.

2012년에 처음 개설된 시마코토 아카데미는 설명회를 통해 수강생을 모집하고, 심사를 거쳐 15명 내외의 수강생을 선발한다. 이후 6개월에 걸쳐 인턴십을 포함한 총 6~7회의 강좌를 진행한다.[18] 주목해야 할 부분은 시마코토 아카데미가 수강생들에게 이주를 강요하지 않고, '관계 안내소'를 자처한다는 점이다. 시마코토 아카데미는 수강생 각자의 삶의 방식을 존중하는 가운데 지역에서 자신의 역할을 발견할 수 있도록 수강생과 지역 주민, 활동가를 연결한다. 이 과정에서 수강생들이 지역에서 할 수 있는 역할을 구체적으로 제시하는 데 집중한다. 예를 들어 먹거리와 농업에 관한 일을 해보고 싶은데 줄곧 의류 디자이너로 전문성을 쌓아온 참가자에게는 처음부터 농업을 배우는 것이 아니라 농업에 패션을 접목할 수 있는 방식을 생각해보도록 제안하는 식이다. 실제 이 제안을 받은 그 참가자는 시마네를 지속적으로 방문하며 이 지역의 천연 소재를 활용한 농부용 작업복을 만들었다. 이처럼 시마코토 아카데미는 도시민들에게 이주에 대한 심리적 부담을 덜고, 온전히 지역 관계망을 넓히면서 새로운 기회들을 모색하게 한다. 그리하여 무리해서 새로운 것을 만들기보다 지역의 과제와 개개인의 전문성을 결합하여 시너지를 낸다.

시마코토 아카데미에 참가한 후 빈집을 빌려 지역에 실험적으로 거주하는 사람, 두 지역에 복수 거주하는 사람, 지역 기업의 도쿄 지사에 근무하게 된 사람, 도쿄에 살며 지역 비즈니스를 하게 된 사람 등 다양한 유형의 관계인구가 형성됐다. 뿐만 아니라 2017년 6기까지 통계를 보면 총 83명의 수강생 가운데 18명이 시마네에 이주한 것으로 집계됐다. 이주를 강요하지 않았음에도 지역과 관계를 맺으면서 자연스럽게 결과로서의 이주가 진행되고 있다.[19]

근래 국내에서도 관계인구를 형성하려는 시도들이 나타난다. 대표적인 사례로 농림축산식품부에서 추진하고 있는 '시골언니 프로젝트'가 있다. 청년여성 농업·농촌 탐색 교육사업의 일환으로 지역에 먼저 정착한 선주민들이 나서 청년여성들이 농업·농촌에서의 삶을 구체적으로 탐색할 수 있도록 제안하는 프로젝트다.[20]

2022년 8개 지역에서 현장운영기관이 선정되어 시골언니 프로젝트를 진행했는데, 내게는 상주의 사례가 꽤 인상적이었다. 청년이그린협동조합은 상주 지역으로 앞서거니 뒤서거니 귀농·귀촌한 청년들이 모여 결성한 협동조합이다. 쌀·깨·고추 등을 친환경 농법으로 함께 농사짓고, 지역의 소농가·여성농가·고령농가의 농산물을 가공·판매한다. 또 시골언니 프로젝트에 참여하기 전부터 폐교를 임대·개조하여 마련한 '달두개학교'를 마을의 문화공간이자 귀농·귀촌 플랫폼으로 운영하고 있다.

2022년 8월에서 10월까지 진행된 청년이그린협동조합의 시골언니 프로젝트에서는 5명씩 총 6개 기수가 8박 9일 일정으로, 농사일을 포함하여 시골살이에서 필요한 다양한 생활 기술을 배우는 등 평소 시골 사람들이 살아가는 생활 그대로를 경험했다. 한달살기도 아니고 8박 9일이면 짧아도 너무 짧은 것 아닌가 싶었는데 백아름 대표는 이렇게 말했다.

짧다면 짧은 시간일 텐데요, 시골살이를 고민하는 청년 여성들에게는 상당히 의미가 있는 시간이었을 거라고 생각해요. 지역, 특히 시골에서 무언가를 시도해본다는 것은 누구에게나 쉽지 않은 일이지만 여성에게 더 제한적인 환경인 것도 사실이잖아요. 청년 여성 스스로 시골에서도 얼마든 안전하게 살아갈 수 있다는 것, 또

얼마든 도움을 주고받을 수 있는 사람이 있다는 것을
확인할 수 있는 기회였을 거라고 생각해요.

시골언니 프로젝트를 신청한 분들 중에는 진지하게
시골살이를 고민하고 있는 사람도 있고, 도시의 일상에
지쳐 잠깐 쉬고 싶은 사람, 또 영화 〈리틀포레스트〉를
보고 엄청 낭만적인 상상을 하고 온 사람도 있을 거예요.
각자 사정은 다르지만 프로젝트가 끝나고서는 자신에게도
고향이 생긴 것 같아 정말 좋다는 의견이 많았어요. 이후
근처에 왔다가 들렀다며 일손을 돕고 가는 친구들도 있고,
방학 또는 휴가라며 일부러 시간을 내서 오는 친구들도
있고요. 고향이라는 개념이 없어진 시대에 이 시골언니
프로젝트가 고향과 같은 비빌 언덕을 만들어준 것이라고
생각합니다.

참가자 가운데 완전히 이주하기에 앞서 '1년 살아보기'를
해보겠다고 해서 함께 생활하게 된 분도 생겨났어요. 그가
1년 후에 도시로 돌아갈 수도 있겠죠. 하지만 시골에서
살아보는 경험 자체가 그의 삶에서 소중한 경험이 된다면
그것으로 충분한 의미가 있고요. 또 시골에서 이렇게
살아가는 사람들이 있구나 하고 경험을 하게 되면
나중에라도 시골에 내려올 수 있는 어떤 계기가 될 거라고

생각해요. 시골을 바라보는 시선 자체가 달라지는 것, 그게 정말 필요하고 중요한 일인 것 같아요.

귀농·귀촌을 적극적으로 유도하기보다 농촌여성과 도시여성 간의 네트워크를 형성해 서로의 길동무가 되어가는 과정에 집중하는 시골언니 프로젝트는 관계인구 만들기를 지원하는 시마코토 아카데미와 닮은꼴로 읽힌다. 그렇다면 빈집을 활용해 지역의 문화거점공간으로 거듭나고 있는 모두의살롱을 중심으로 시마코토 아카데미 또는 시골언니 프로젝트와 같이 관계인구를 만드는 실험을 해보면 어떨까?

내 삶의 근거지를 찾아가는 여정

죽어도 서울에서 살 거라고 생각했던 때가 있다. 지방에서 청소년기를 보낸 이들이 으레 갖기 마련인 꿈이다. 대구에서 나고 자랐고, 대학은 제주에서 보낸 나는 대학원에 진학하면서부터 그 꿈을 이뤄 서울에서 생활한 지도 20년이 다 되어간다. 대학원 기숙사를 시작으로 이대 앞 고시원에서 2년, 홍대 언저리 옥탑방에서 5년, 열악한 주거 환경으로 손꼽히는 곳에 살면서도 그리 힘든 줄 몰랐다. 드라마 속 캔디형 여주인공의 스토리를 몸소 겪고 있는 거라고, 그마저도 낭만적이라고 여긴 날들이 있다. 옥탑방에서 방 두 개짜리 다가구주택 2층으로 이사하며 난생처음 전입신고를 하고, 마침내 주소지가 서울인 주민등록증을 받아 든 날은 정말 특별했다. 변두리 월세살이에도 나는 '서울시민도 되고, 성공했네'라고 읊조렸던 것 같다. 서울시민이 되었다는 것 자체로 나는 상당히 우쭐해했다.

그러나 그 기쁨은 오래가지 않았다. 이사를 하면 이웃에 이사떡을 돌리며 인사하는 게 당연한 일이라 보고 배우며 자란 나는 기대에 차 떡을 주문하고서도 한 접시조차 돌리지 못했다. 덜컥 겁이 났다. 에어컨, 세탁기 같은 옵션이 없던 월세집에는 방범창도 없어 한여름에도 맘 편히 창문을 열어둘 수 없는 환경이었다. 치안이 나쁜 지역이 아니래도 굳이 스스로 내 정보를 노출시켜서는 안 되겠단 생각이 번뜩였다. 떡을 고스란히 냉동실에 욱여넣으면서 아쉬움보다 안도의 한숨을 내쉬었을 때부터 내게 탈서울의 꿈이 시작된 것이 아닐까 복기해보게 된다. 얼마 지나지 않아 옆집에서 소란이 일어 경찰이 출동했을 땐 가슴을 쓸어내리며 '모르고 지내길 잘했다' 하고 내 조심성을 치하했던 기억도 떠오른다. 그리고 많이 서글퍼했다. 계속 이렇게 살아야 하는 거야? 의심과 경계와 단절된 관계 속에서?

광역시 타이틀이 붙은 도시에서 성장했지만 서울이 아니면 다 똑같은 거 아니냐고 할 만큼 서울에 모든 것이 집중된 한국의 사회구조 속에서 은근히 열등감을 느끼다가, 서울에 상경하여 주류사회의 물을 좀 먹은 후엔 근본 없는 우월감에 취하기도 했던 나는 근래 틈만 나면 지역의 법원 경매 물건을 검색하고, 인터넷 부동산 사이트를 들춰본다. 돌고 돌아 이제야 '닥치고 서울'이 아니라 내가 행복하게 살 수 있는 삶의 환경이 무언지 꼽아보게 된 것이다. 그리고 때마침 춘천을 톺아볼 기회를 얻었다.

춘천이 낭만의 도시인가? 누가 기다 아니다 결정할 수 있는 일은 아니다. 사람에 따라 얼마든지 다르게 느낄 수 있다. 그런데 난 왜 자꾸 춘천 도심의 빈집들을 보며 낭만을 품게 되는지 모르겠다.

미주

1장. 길고양이가 이끄는 골목

1   caretaker. 지역 내 길고양이들을 보살피는 자원봉사자를 말한다. 캣맘 또는 캣대디로 불리기도 하지만, 이들 활동의 의미를 충분히 담고 있지 못하다고 보아 케어테이커라는 용어를 사용했다.

2   「다큐 만든 고양이 집사들 "이 작은 생명체와도 공존 못 한다면"」, 『중앙일보』 2020년 5월 19일.

2장. 내가 살던 동네도 사라질까

1   2022년 1월 춘천시의 춘천문화재단, 춘천사회혁신센터, 춘천시마을자치지원센터 등 6개의 중간지원조직이 한자리에 모였다. 저마다의 자리에서 춘천을 위해 부지런히 뛰고 있는데 협업을 통해 시너지를 낼 수 있는 일도 한번 시도해보자고 의견이 모아졌다. 각 기관에서 다양한 아이디어를 냈고, 50여 명의 활동가들이 투표를 통해 당시 춘천시마을자치지원센터 센터장이었던 윤요왕 씨의 맡겨놓은 카페 아이디어가 공동사업으로 선정됐다.

2   '돈'과 '혼쭐내다'를 합쳐서 '돈쭐내다' 또는 '돈쭐'이라고 표현한다. 돈쭐은 사회에 선한 영향력을 행사한 가게나 기업에 착한 소비로 보답하는 소비자 운동을 의미한다. 불매운동을 펼치는 것과 대조되는 현상이다.

3   2019년 2월 15일 춘천 지역과 관련된 제반 분야의 연구 사업을 수행하기 위해 설립한 공공연구기관이다. 전국 기초자치단체 중에서는 최초로 상근 연구 인력을 두고 있다. 춘천과 관련한 기초자료 정립사업, 융복합 연구사업, 시민 확산사업 등을 통해 지역이 지닌 정체성을 찾아 밝히고 다양한 지식 정보를 공유하여 지역 특성화를 이끌어내고 있다. 『안녕? 우리 춘천!』은 시민 확산사업의 일환으로 춘천학연구소에서 기획하고, 춘천시·춘천교육지원청과 공동으로 개발했다.

4 「안녕? 우리 춘천!」이 보급된 이후 매년 1~2월경 교사 발령이 마무리되면 춘천교육지원청에서는 3학년 교사들을 대상으로 이 보조 교재를 어떻게 활용할 것인지에 대한 연수를 진행하고, 연말에는 교사들의 피드백을 받아 춘천학연구소에서 보완하는 작업을 진행하고 있다.

5 「반짝반짝 농촌유학, 내일을 키우다」 2022 농촌유학 체험사례집 가운데 춘천별빛산골교육센터 이민주 유학생 인터뷰 내용 발췌.

6 앞의 글, 박수빈 유학생 인터뷰 내용 발췌.

3장. 색깔을 만드는 일

1 2019년 6월 18일과 19일 이틀간 수도권 거주 시민 2,221명을 대상으로 춘천시 이미지에 관한 대면 설문조사를 진행했다.

2 2021년 춘천시 통계 연보 참고.

3 2010년 일본 규슈 쿠마모토현 지역의 캐릭터로 개발됐다. 곰을 형상화한 이 캐릭터는 전국구는 물론 해외에서도 인기를 끌게 됐는데 그 인기가 어느 정도였냐면 일본은행이 2011년부터 2013년 중반까지 2년간 쿠마몬의 경제 효과를 1,244억 엔(1조 4,000억 원)에 달한다고 분석할 정도였다. 한국의 다수 지자체에서도 쿠마몬을 벤치마킹하여 캐릭터를 만들거나 쿠마몬을 초청하는 행사를 마련하는 등 상당히 화제가 됐다.

4 자연환경보전법 제56조에 따르면 국가는 생태·경관 보전지역 등 자연환경 보전이 필요한 지역에 그 지역의 유형별로 자연상징 표지를 설치할 수 있으며, 지방자치단체는 관할구역의 특성을 고려하여 자연상징 표지의 일부를 변경하여 활용할 수 있다. 그리고 지방자치단체의 상징종으로 지정하여 이를 보전·활용할 수 있다.

5 2010년 국립생물자원관에서 지자체의 지역적 특색을 잘 나타내는 상징생물 지정 사업을 추진하기에 앞서 조사한 결과다. 이후로도 크게 달라지진 않았다.

6 도청 소재지인 춘천은 도청을 비롯 여러 산하 기관이 밀집해 있어 공공행정에 종사하는 인구가 상대적으로 많다. 춘천시 공무원만 보면 2021년 기준 1,733명으

로 공무원 1인당 165.3명의 주민을 담당한다. 그런데 도청을 포함하여 공공 행정·국방 및 사회보장 행정 종사자까지 모두 포함하면 7,512명에 달한다. 전국구 '공무원의 도시'라 하는 세종시 인구가 2019년 12월 31일 기준 34만 575명인데 공무원이 2,163명인 것을 비교해 보면 춘천에 실제 얼마나 많은 공무원 인구가 살고 있는지 확연히 드러난다.

7 춘천닭갈비는 1960년대 춘천의 한 선술집에서 술안주로 닭을 돼지갈비처럼 양념에 재워 연탄불에 구워낸 것이 시초로 알려져 있다. 맛이 제법 괜찮았고, 당시 춘천에서 양축업이 성행했던 것, 여기에 소양강댐 건설로 많은 인부들이 유입되어 있었던 상황과 102보충대를 비롯하여 오늘날보다 훨씬 큰 규모로 군부대가 자리 잡고 있었던 요인이 복합적으로 어우러져 빠르게 입소문이 났다.

8 춘천 시민들의 삶의 수준과 사회적 변동사항을 파악하고자 매년 실시한다. 2022년에는 2022년 8월 18일부터 9월 5일까지 1,100가구를 대상으로 실시했다.

9 춘천시는 2020년부터 매년 주민 행복도 조사를 실시해왔다. 2022년에는 춘천지역 거주 만 19세 이상 남녀 1,000명을 대상으로 10월 31일부터 11월 24일까지 1:1 면접 조사를 실시했다. 행복도 수준은 5점 척도로 평가했다. 3점이 '보통'의 기준으로 전체 평균 점수는 3.56점으로 보통(3.0)보다 높은 수준으로 도출됐다. 타 지역과의 상대적 비교는 어렵지만 절대값이 보통 이상인 것만은 확실하다.

10 버거 지수란 시군구 단위로 글로벌 햄버거 프랜차이즈 업체 버거킹·맥도날드·KFC 매장을 합친 수를 국내 햄버거 프랜차이즈 업체인 롯데리아 매장 수로 나눈 값으로 지수가 높을수록 발전된 도시를 의미한다. 2014년 트위터리안 RioterOfMiku 이 제시한 의견에 2015년 계산생물학자인 서울대 장혜식 교수가 직접 데이터를 구해 계산하고, 인포그래픽까지 만들어 버거 지수의 신뢰성을 뒷받침했다.

11 이은주 씨는 춘천시의 청년창업 지원사업을 통해 2016년 10월 전통주 전문점 꽃술래를 창업했다. 당시 청년지원사업은 육림고개 상권 회복 차원에서 진행됐다. 39세 이하 청년상인 10명을 선정하여 상점 임대료 일부와 창업·경영·홍보 교육 등을 지원했다.

12 「8급·9급 젊은 공무원들 춘천시청 떠난다」, 『강원도민일보』 2023년 3월 28일,

10면.

13 춘천시가 2023년 5월 30일 춘천시청에서 열린 기자간담회에서 육림고개 청년
몰 지원 사업이 사실상 실패했다고 인정했다. 춘천시는 육림고개 활성화를 위해
2017년부터 2022년까지 청년몰 조성사업을 진행해왔다.

14 이 책의 「내게 알맞은 속도와 리듬을 찾아」에서 자세한 이야기를 읽을 수 있다.

15 기관 또는 극장에 소속되는 경우도 있지만 극히 소수다. 그 경우 업무도 현장 실무
보다는 기획·행정 또는 시설 관리 위주다.

16 2023년 4기에서는 공연예술 분야 입문자와 현직자를 대상으로 하는 이론 과정
과 무대감독·조명디자인·음향디자인 3개 전공으로 나누어 진행하는 심화 과정
이 진행됐다. 70퍼센트 이상 이수한 수료생에게는 수료증이 발급되고 수강료도
환급된다.

4장. 새벽시장의 도시

1 시내동지구란 도농복합도시(김포, 원주, 전주, 진주 등)에서 주로 사용하는 표현으
로, 시내에 해당하는 '동' 지역이라고 할 수 있다(그 밖의 농촌 지역은 '면'과 '리'로
구성된다). 기존 원도심과 그 인접 지역을 포함한 개념이다.

2 2004년 전통시장을 보호하고 시설·경영 현대화를 촉진하겠다는 취지로 관련 법
률이 제정됐다. 대부분 자연발생적으로 조성되어 오랜 기간 유지되어온 전통시장
이지만 이때부터 전통시장도 일정 조건을 갖추어 관할 지자체에 허가를 받아야
법률에 따라 보호·지원을 받을 수 있게 됐다. 이 말은 애막골 새벽시장의 경우 「전
통시장 및 상점가 육성을 위한 특별법」이 요구하는 일정한 시설과 상인 조직 등의
조건을 갖추지 않았거나, 갖추었더라도 아직까지 전통시장 인정 신청을 하지 않은
채로 열리고 있다는 뜻이다.

3 이 글에서는 다음의 자료를 참고했다. 김원동 「춘천 농민시장의 현실과 과제: 춘천
소양로 '번개시장' 사례 연구를 중심으로」, 『농촌사회』 20권 2호, 한국농촌사회학
회 2013, 81~115면; 『지역사회 문화조사: 춘천동지 01 소양동』, 춘천문화원 춘천
학연구소 2020; 『춘천인 증언록: 댐과 춘천』, 춘천문화원 춘천학연구소 2021.

5장. 아이가 자란다

1   어린이도서관건립추진위원회 일원으로 담작은도서관 건립에 힘을 보탠 춘천여성
    협동조합 마더센터 이선미 이사장의 회고다. 그는 당시 춘천의 첫 작은도서관인
    꾸러기어린이도서관 관장으로 일하고 있었다.

2   2020년 3월 시립공공도서관으로 재개관했지만 2008년 개관 때부터 도서관 운
    영을 이끌어온 김성란 관장이 계속해서 도서관 살림을 맡아 담작은도서관의 지향
    점을 이어가고 있다.

3   2020년 춘천여성협동조합이 대표 단체로 나섰고, 함께돌봄공동체와 함께 호반
    초등학교와 지역의 작은도서관인 뒤뜨러어린이도서관까지 '호반안심마을공동체'
    라는 협의체를 구성했다.

4   「호반안심마을, 마을과 교육을 잇다」, 마을교육과정 자료집, 호반안심마을공동체
    2022.

5   3개 이상의 비영리 기관·단체·모임으로 구성된 협의체를 조직해야 하고, 학교·학
    부모회·주민자치회·작은도서관·지역아동센터 또는 협동조합 같은 사회적경제조
    직이 포함되어야 한다는 조건이 있었다.

6장. 내게 알맞은 속도와 리듬을 찾아

1   포털사이트에 '춘천 여행'을 검색했을 때 '가볼 만한 곳'으로 제시되는 10위권 명
    소 가운데 상업시설을 제외한 도심 내 명소는 국립춘천박물관이 유일하다. 2023
    년 4월 기준 1위 남이섬, 2위 제이드가든, 3위 감자밭(카페), 4위 산토리니(카페),
    5위 레고랜드, 6위 강촌레일파크, 7위 대원당(제과점), 8위 의암호스카이워크, 9
    위 춘천 삼악산 호수케이블카, 10위 국립춘천박물관이다.

2   춘천더샵아파트에서 퇴계동 춘천CGV까지 200번 간선버스는 25개 정류장, 3번
    지선버스는 28개 정류장을 이동한다.

3   춘천시 통계연보 2021, 204면. 영업자동차 업종별 수송.

4   서울과는 버스 체계가 다르다. 참고로 서울의 시내버스는 도심에서 부도심, 시외

곽까지 연결되는 중장거리의 간선버스(파란색)와 도심의 주요 지점을 연결해주는 지선버스(녹색), 그리고 동네 구석구석으로 이동하는 마을버스(승합차 형태)로 구분된다.

5   동산면, 남산면, 북산면, 동면, 사북면, 신동면 등 면 단위의 외곽 지역 주민들이 희망택시를 이용하고 있다.

6   2030 춘천도시기본계획, 〈표1-16〉 2020 춘천 도시기본계획 주요 도시지표. 참고로 전국에서 가구당 자동차 보유율이 가장 높은 지역은 제주도로 1.3대 수준이다. 서울의 보유율은 2022년 서울시의 자동차 등록대수 3,157,361와 가구 수 4,126,524를 기준으로 산출한 값이다.

7   2018년 『강원도민일보』가 춘천 소재 대학인 강원대, 한림대 등 청년 200여 명에 강원도를 떠날 수밖에 없는 이유를 조사한 결과 일자리 부족, 최악의 교통, 문화적 빈곤, 강원도에 대한 편견과 선입견을 꼽았다(「버스 탈 때 감자 찍냐는 조롱, 언제까지 들어야 하나요」, 『강원도민일보』 2018년 11월 26일).

8   물리학에서 나온 개념으로 '유효한 결과를 얻기 위한 충분한 양'을 의미한다. 사회운동에서는 바람직한 변화를 이끌어내기 위한 일련의 무리를 가리킨다.

9   1992년 샌프란시스코에서 가장 먼저 시작됐다. 사회운동의 하나로 분류되지만 조직적 시위나 항의보다는 평화적인 축제 성격이 강하다.

10   북한강철교 서단과 신매대교 사이 경춘선 폐기찻길을 활용하여 조성한 자전거길이다.

7장. 제자리에서 세계를 넓히는 방법

1   「수자원장기종합계획 제3차 수정계획」, 국토교통부, 2016년 12월, 19면.

2   한때 공익광고협의회가 '한국은 유엔이 지정한 물 부족 국가'라고 알리며 물 절약을 강조하는 공공 캠페인을 벌였다. 1990년 국제인구행동연구소에서 연간 강수량을 인구로 나누어 1,700㎥'보다 낮으면 물 부족, 높으면 물 풍요 국가로 분류했는데 그 계산법에 따라 당시 1,472㎥' 수준이었던 한국을 물 부족 국가로 분류했

다. 이는 댐을 이용한 저장용량, 물 정화 및 재활용, 물 사용 습관 등을 고려하지 않은 단순 계산법이다. 유엔환경계획기구에서 물 문제를 다루며 위의 통계를 '이런 통계도 있다' 정도로 인용했는데 우리 정부가 이 내용을 별도의 검증 없이 그대로 받아들이면서 물 부족 국가 캠페인이라는 웃지 못할 해프닝이 생겼던 것이다.

3 영국의 수자원 전문 연구기관인 생태환경및수문학센터(CEH)에서 1인당 가용 수자원량, 수자원 접근율, 사회경제요소, 물이용량 및 환경 등을 종합적으로 고려해 물 빈곤 지수(WPI)를 개발했다.

4 이희승, 「특집 소양강댐 건설 40년」, 『한국대댐회지』 37권, 2013, 12면.

5 1967년 4월 17일에 착공하여 1973년 10월 15일에 완성됐다. 높이 123m, 길이 530m, 총 저수량 29억㎥ 규모다. 중앙차수벽식이라는 공법으로 댐을 짓는 데 총 269억 원, 연 인원 600만 명이 투입됐다. 소양강댐에서 수도권에 공급하는 물은 연간 12억㎥, 생산하는 전력량은 연간 353GWh 수준이다.

6 「소양강댐 수몰 지역 사람들의 이야기」, 『물 안의 기억과 풍경』, 춘천시 2022, 25면.

7 2024년 강원청소년동계올림픽 개최를 앞두고 강원도에서 실시한 1시군 1대표 공연예술발굴사업 공모에서 춘천 대표 공연으로 선정된 작품이다.

8 1984년생이다. 안 대표의 경우 수몰 이주민인 아버지 친구분으로부터 당시의 이야기를 여러 차례 접하면서 언젠가 꼭 그에 관한 이야기를 극으로 풀어봐야겠다 생각했고, 극단 이륙을 꾸린 2017년경부터 자료 조사를 바탕으로 각본을 쓰기 시작했다.

9 쓰레기매립장, 산업폐기물처리장 등 혐오시설이 지역에 설치되는 것을 반대하는 지역 이기주의를 가리켜 님비(NIMBY, Not In My Back Yard) 현상, 반대로 지역 발전을 꾀할 수 있는 사업은 적극 유치하려는 현상은 핌피(PIMFY, Please In My Front Yard) 현상이라고 한다.

10 강원도는 수몰지로 인한 기회비용 상실액과 기상변화 피해액 등 50년간 소양강 댐 주변 지역 피해 규모를 6조 8,300억~10조 1,500억 원으로 분석했다. 이 기간 정부 또는 댐 사용권자가 용수 판매와 전력발전 등으로 거둔 수익금은 9조 4,330억 원에 달한다. 그러나 수익금 가운데 댐 주변 지역 지원사업비는 1,120억 원에

불과했다. 2023년 3월 강원도의회가 '소양강댐 주변 지역 피해지원 연구회'를 창립했고, 5월에는 도의원 및 춘천·화천·양구·인제지역 시·군 의원 등이 참여하는 '소양강댐 주변 지역 공동대책위원회'가 구성되어 소양강댐 주변지역 피해 보상을 위한 대책 마련을 본격화했다.

11 영국 정부에서 처음 도입한 개념으로 겨울철 거실온도 21도, 거실 이외의 온도 18도를 유지하기 위해 지출하는 에너지 구매 비용이 소득의 10퍼센트를 넘는 가구를 가리킨다. 처음 도입될 때는 난방용 연료에 한정됐지만 근래 냉방, 조명, 가전기기 등 가정 사용 에너지 전반을 포함하는 방향으로 확대되고 있다.

12 1985년부터 연탄 생산을 시작해 35년여 운영했다. 2000년대 들어 도시가스 공급 면적이 넓어지고 심야전기나 태양열 등 에너지원이 다양해지면서 운영의 어려움을 겪어왔다. 이로써 강원 영서북부지역에서 연탄을 공급하던 마지막 연탄공장마저 역사 속 기록으로 남게 됐다.

13 2023년 산업통상부가 밝힌 난방비 지원 대책에 따르면 에너지 바우처의 경우 연 59만 2천 원 수준으로 지원된다. 연탄 쿠폰이나 등유 바우처를 지원받는 경우 중복 지원은 되지 않는다. 연탄 쿠폰 지원액은 54만 6천 원으로 책정되었다.

14 기초생활수급가구와 차상위 계층에 한해 이용이 가능하다. 생활은 어렵지만 서류상 부양가족 또는 자녀가 있어 기초생활보호대상자로 등록되지 못하는 경우 난방비 지원에서 제외된다.

15 연탄은행에서는 에너지 사각지대를 최소화하고 체계적으로 지원하기 위해 2년에 한 번 자체적으로 연탄 사용 가구 조사를 실시하고 있다. 각 지역 연탄은행에서 실시하는 현장 조사, 연탄배달업체 자료 등을 취합해 연탄 사용 가구를 집계한다.

8장. 내일의 이웃을 찾아서

1 2004년 한성항공(티웨이항공 전신)을 시작으로 2005년 제주항공 등 저비용 항공사(LCC: Low-Cost Carrier)가 운영되기 시작했다. 그전에도 대한항공과 아시아나항공이 육지-제주 노선을 운항했지만 운임이 훨씬 비쌌다. 당시 제주 시내 원룸 월세가 15~20만 원 수준이었는데, 육지-제주 노선 왕복 운임이 딱 그 정도였다.

2 김지혜, 『선량한 차별주의자』, 창비 2019, 132면.

3 에베레스트 근처의 작은 마을인 골리에서 유년기를 보낸 상게 씨는 자신의 고향
   을 비롯하여 점점 낙후되고 있는 시골마을에 대한 안타까움으로 대학 시절 또래
   친구들과 함께 시골마을을 활성화할 수 있는 다양한 방법을 모색해 '다시 마을로
   돌아가기' 활동을 전개했다. 마을에 필요한 일손을 보태는 것부터 시작했는데 네
   팔 내전으로 활동에 어려움을 겪게 됐고, 그 무렵 한국의 청소년문화공동체 품을
   만나 새로이 '마을공동체 만들기' 사업의 밑그림을 그려나갈 수 있었다. 한국인 아
   내도 그때 만난 품 활동가였다.

4 국립민속박물관에서 '우리 안의 다문화'를 주제로 진행한 연구조사를 통해 발행
   한 『춘천 외국인 유학생들의 생활문화』에 기술된 관련 내용 일부를 정리했다.

5 여성가족부에서 추진한 '폭력피해 이주여성 지원을 위한 이주여성 상담소 설치'
   공모사업을 통해 재단법인 착한목자수녀회가 운영법인으로 선정되어 강원 지역
   최초, 전국에서는 8번째로 이주여성상담소가 마련됐다. 2023년 기준 공공 예산
   으로 운영되고 있는 이주여성상담소는 10개소로 여성가족부에서 지원하는 곳이
   9개소, 나머지 1개소는 서울시에서 자체적으로 운영하고 있다. 광역지방자치단체
   가 17개라는 것을 감안할 때 이주여성상담소는 턱없이 부족한 실정이다. 강원이
   주여성상담소는 춘천을 포함하여 강원 지역 18개 시군을 관할하고 있다. 결혼이
   주민·유학생·외국인 노동자·미등록 외국인까지 체류 자격에 관계없이 여성 이주
   민과 동반 가족까지 지원 대상으로 한다.

6 강원이주여성상담소에서는 탁운순 소장을 포함하여 한국인 상담사 5명, 외국인
   상담사 3명, 총 8명의 상담사가 활동하고 있다. 외국인 상담사는 각각 중국, 베트
   남, 필리핀 출신으로 통번역 서비스를 지원한다. 이주여성이 모국어로 상담을 받
   을 수 있도록 모든 상담은 외국인 상담사와 한국인 상담사, 그리고 내담자까지 3
   자 상담으로 진행된다. 이후 필요에 따라 행정적·법률적 지원은 물론 신체적·정
   서적 치료에 이르기까지 이주여성에게 필요한 지원이 진행된다.

7 한인정, 『어딘가에는 싸우는 이주여성이 있다』, 포도밭 2022, 46면.

8 2022년 남북하나재단에서 실시한 북한이탈주민 정착 실태조사에 따르면 64.6퍼

센트가 수도권에 거주하고 있다. 남한 거주 기간이 짧을수록 수도권 거주 비율이 상대적으로 높다.

9   김영우 이사장은 한반도에너지개발기구(KEDO)에서 북한 함경남도 신포-금호지구에 경수로 건설사업을 진행할 때 현지에 설치된 외환은행 지점에서 초대 지점장으로 근무했다. 그가 근무한 1997년부터 1999년까지는 북한의 '고난의 행군' 시기였다. 북한 주민 특히 청소년들이 겪어야 하는 고통을 가까이에서 지켜본 그는 2003년 퇴직 후 북한 청소년과 청년들을 도울 방법을 모색했고, 2004년부터 북한이탈주민 지원단체와 대안학교 등에서 교육사업을 진행해왔다.

10   해솔직업사관학교 김기찬 교장이 들려준 해솔직업사관학교의 설립 과정이다. 김기찬 교장은 강원도청에서 공무원 생활을 하고 퇴직 후 해솔직업사관학교에 합류했다.

11   한국에 체류하고 있는 이주민 가운데 가장 많은 비중을 차지하고 있는 이들은 비전문취업(E-9) 비자를 발급받아 입국해 중소 제조업, 농축산업, 어업, 건설업, 서비스업 등에 종사하고 있는 외국인 노동자다.

12   2018년 9월부터 10월까지 전국 46개 지역 비(非)다문화가구 농촌지역민 802명을 대상으로 음식문화, 주거환경, 의류복식, 가족관계, 언어생활, 자녀양육, 경제활동, 문화생활 등 8개 영역에 대해 조사한 결과 농촌지역민의 62.3퍼센트가 가족 내, 57.4퍼센트가 마을 내에 다문화 영향으로 생활문화 전반에 변화가 있다고 답했다.

9장. 낭만에 대하여

1   국가통계포털 KOSIS, 2005년 인구총조사 중 '세대구성/거처의 종류, 점유 형태별 가구' 자료와 2021년 인구총조사 중 '거처의 종류별 가구' 자료 가운데 단독주택과 아파트 가구 수 비교.

2   통계청에서 2021년 발표한 빈집 수는 139만 가구에 달한다. 이는 빈집의 정의와 빈집 조사에 포괄 범위가 기관마다 다르기 때문에 나타나는 차이다. 통계청에서는 특정일(11월 1일)을 기준으로 사람이 거주하지 않는 주택을 모두 집계한다. 일

시적 빈집, 미분양 주택과 공공임대주택도 포함하고 있다.

3 강원도 춘천시 빈집 현황, 2022년 9월 7일 기준, 공공데이터포털.

4 읍면동별 세대 및 인구 참조, 2020년 기준, 강원도 춘천시 기본 통계.

5 각각의 통계는 국토교통부의 2021년 자료를 토대로 한다. 주택보급률은 주택이 가구 수에 비해 얼마나 부족한지 또는 여유가 있는지를 보여주는 양적 지표로 100퍼센트가 넘는다는 것은 가구 수에 비해 주택이 많다는 것을 뜻한다. 또한 자가보유율은 거주 여부와 관계없이 주택을 소유한 가구의 비율을 말한다.

6 남형석, 『돈이 아닌 것들을 버는 가게』, 난다 2022, 20면.

7 1인 두 시간 기준 5천 원의 비용을 받지만 '부치지 못하는 편지'를 쓰고 가면 공간 이용료를 받지 않는다. 또한 숙박이 가능한 다락은 이용 신청을 받는데, 사용이 허락된 이들은 숙박비를 5년 뒤 돈이 아닌 무언가로 지불하는 조건으로 다락을 이용할 수 있다. (2023년 5월부터 이용 방식에 변화가 생겼다.)

8 2023년 7월 기준 춘천 부동산 정보가 공유되는 인터넷 커뮤니티 '춘천부동산 25시'에서 원도심 대지 면적 60평(200㎡) 단독주택 기준으로 1~2억 원 매물도 상당수 확인할 수 있다.

9 2022년 5월 기준 공가랑에 등록된 전국 빈집 매물은 1,500여 건에 불과했다.

10 국토연구원에 따르면 2022년 전국 288개 기초자치단체 중 180개 지역이 빈집 실태조사를 실시했고, 그중 152개 지역이 빈집 정비계획을 수립하는 중이다. 그러나 전담 조직이 있는 지자체는 인천 미추홀구와 경북 포항시 정도에 불과하다.

11 후평동은 1~3동으로 나누어져 있는데, 재개발로 대단위 아파트 단지가 들어선 2~3동에 비해 1동은 오래된 단독주택들이 밀집한 조용한 동네다. 후평일반산업단지가 포함되어 있지만 산업 역시 활발한 분위기는 아니다.

12 「지역재생자원으로의 '빈집' 활용 방안 ③」, 『도시미래신문』 2016년 4월 21일.

13 기획자 또는 예술가가 시민들과 함께할 수 있는 프로그램을 운영하는 공간으로 문화사랑방을 지향한다.

14 예술가·창작자를 위한 커뮤니티 공간. 회원제로 운영된다.

15 도시가스 공급관에서 주택까지 배관을 연결하는 인입 배관 설치에 소요되는 비
    용은 강원 지역의 경우 사용자와 도시가스사업자가 50퍼센트씩 부담한다. 지자
    체별로 인입배관 설치비에는 차이가 있다. 서울, 대전, 대구, 부산 등 대도시의 경우
    신규 연결 세대가 인입배관 설치비를 부담하지 않는다.

16 모두의살롱 후평점은 약 28평(93㎡) 단층 건물이고, 예산은 전기 공사와 샷시 설
    치는 제외한 비용이다.

17 서울대 소비트렌드분석센터에서 해마다 그해의 핵심 트렌드 키워드를 소개하는
    『트렌드 코리아』 시리즈를 발행하고 있는데, 〈트렌드 코리아 2020〉에 2019년 대
    한민국 10대 트렌드 상품으로 '한달살기'가 제시됐다. 제주도를 중심으로 한 지역
    에서 한 달 이상 거주하며 지역의 생활상을 체험하는 방식의 여행이 한달살기의
    전형이다.

18 수강료는 4만 엔. 1~3회 차에는 지역 관계자들의 소개를 통해 지역에 대해 알아가
    며 수강생이 자신의 관심사와 지역을 연결하는 시간을 가진다. 4회 차에는 2박 3
    일 일정으로 시마네를 방문, 수강생의 관심사에 맞는 지역과 사람을 만나 소통하
    는 인턴십이 진행된다. 5~7회 차에는 인턴십 활동 결과를 바탕으로 각자의 활동계
    획을 수립해 공유한다. 2020년부터는 인턴십을 제외한 강의는 온라인으로 진행
    하고, 강의 구성에도 소폭 변화가 있다. 자세한 아카데미 정보는 shimakoto.com
    참고.

19 시마코토 아카데미와 관련해서는 다음의 자료를 참고했다. 다나카 데루미, 『인구
    의 진화』, 더가능연구소 2022.

20 농촌의 인구 감소와 고령화에 따라 다양한 정책과 지원이 잇따르고 있는데 그럼
    에도 농업·농촌과 '청년', 더욱이 '여성' 간의 연결고리는 약하다. 시골언니 프로젝
    트는 이런 문제의식을 바탕으로, 농업·농촌을 접할 기회가 적은 청년 여성들에게
    언젠가 삶의 형태를 전환해보고 싶다는 생각이 들 때 시골살이를 대안 중 하나로
    떠올릴 수 있도록 농촌에 먼저 정착한 선주민 여성들을 만나 함께 생활해보게 한
    다. 자세한 사업 정보는 https://www.ffd.co.kr/sigolunni 참고.

로컬 씨, 어디에 사세요?
나의 거주지 찾기 프로젝트, 춘천 편
서진영 지음

초판 1쇄 발행 2023년 10월 31일

ⓒ 서진영 2023
ISBN 979-11-979126-5-8 02300

온다프레스
24756, 강원도 고성군 토성면 아야진길 50-3
전화. 070-4067-8645
팩스. 0303-3443-8645
이메일. onda.ayajin@gmail.com
인스타그램. @onda_press

* 이 책은 춘천 문화도시 조성사업의 일환으로 제작되었습니다.

* 이 책 내용의 전부 또는 일부를 재사용하려면 반드시 지은이와
  온다프레스 양측의 동의를 받아야 합니다.
* 책값은 뒤표지에 표시되어 있습니다.

사진 크레딧

16, 23, 28, 44, 51, 58, 65, 76, 93, 108-109, 110, 119, 131, 135, 140, 147, 152, 164,
183, 188, 207, 219, 225, 228-229, 230, 241, 248, 255, 264, 271, 276 ⓒ 서진영
14-15, 29, 42-43, 58, 71, 138-139, 159, 169, 172-173, 174, 198-199, 200, 262-263,
299 ⓒ 성지희
74-75, 83, 88, 98, 105, 195, 212, 259, 285 ⓒ 이원일
124 ⓒ 「춘천사람들」